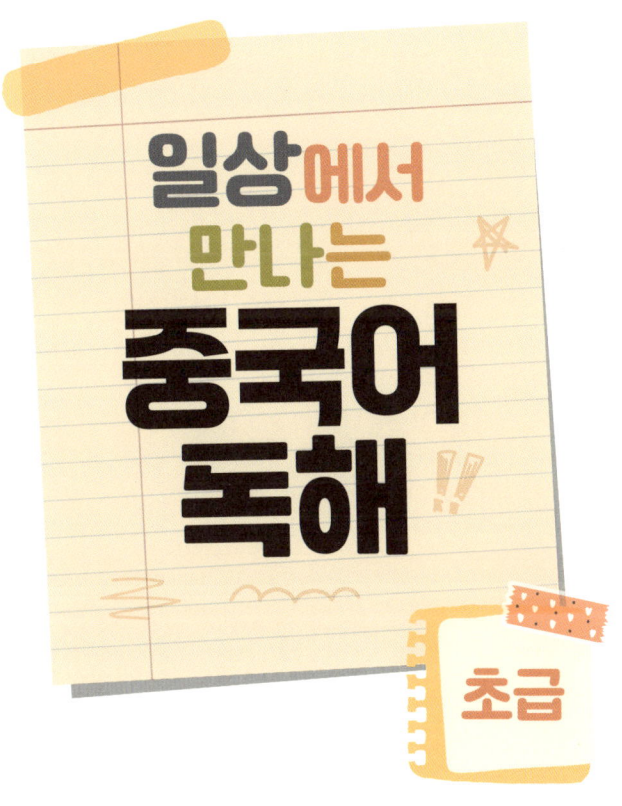

 **저자의 말**

 중국어를 배우는 것은 새로운 문을 여는 것과 같아서, 문 뒤에는 놀라움이 가득한 미지의 세계가 펼쳐져 있습니다. 이 책은 여러분을 이 멋진 세계로 이끄는 황금 열쇠가 될 것입니다. 중국어의 발음, 한자, 어법은 한국어와 많이 다를 수 있지만, 흥미와 인내심을 가지고 이 책을 공부하다 보면, 여러분은 어려움을 극복하고 원하는 수준의 발전을 이룰 수 있을 것입니다.

 이 책은 한국어와 중국어의 특징을 결합하여 발음과 어휘, 어법을 더 쉽게 이해할 수 있도록 도와줍니다. 책에는 풍부한 문화 지식뿐만 아니라, 중국인들의 일상이 잘 녹여져 있어서 언어를 배우는 동시에 중국 문화의 매력까지 느낄 수 있을 것입니다.

 이 책을 배우는 과정에서 한자, 성조, 어법과 같은 어려움에 직면할 수 있지만, 좌절하지 마세요. 왜냐하면, 모든 한자는 그림처럼 독특한 이야기를 담고 있고, 모든 중국어는 시처럼 풍부한 감정을 전달하기 때문입니다. 배움이 깊어질수록 여러분은 점차 중국어의 매력을 발견하고 그 안에서 오는 성취감을 즐길 수 있을 것입니다.

 여러분의 학습 과정이 더욱 쉽고 재미있기를 바라며 매 과의 본문, 어법 속 예문, 그리고 연습 문제를 정성껏 설계했습니다. 일을 위해서든, 유학을 위해서든, 아니면 단순히 중국어와 중국 문화에 대한 관심에서든, 이 책이 여러분의 중국어 학습에 큰 도움이 될 수 있을 것이라고 믿습니다.

 중국어를 배우는 과정에서 언어 능력을 키우는 것뿐만 아니라 더 넓은 시야도 가질 수 있기를 바랍니다. 기억하세요. 모든 노력은 새로운 성과를 가져다 줍니다. 여러분이 중국어 학습의 길에서 점점 더 멀리 나아가 이 도전과 즐거움이 가득한 여정을 즐기기를 바랍니다!

왕러

이 책의 순서

저자의 말 3
이 책의 순서 4
이 책의 구성 및 활용 6

1과 家庭 가족	본문1	弟弟最怕姐姐 남동생은 누나를 제일 무서워해요	(1) 비교문 (2) 如果A, 会B (3) ……了	10
	본문2	妈妈爱吃鱼头 엄마는 생선 머리를 좋아해요	(1) 先A再B (2) 把자문 (3) 동사+好	14

2과 交友 친구 사귀기	본문1	向异性介绍自己 이성에게 자기소개하기	(1) 首先A, 其次B, 最后C (2) 当A, 就B (3) 동사+一+동사	22
	본문2	网上交友可以吗? 온라인으로 친구를 사귀어도 괜찮나요?	(1) 通过 (2) A没有B好 (3) 是……的	26

3과 爱好 취미	본문1	喜欢网上冲浪 웹 서핑을 즐겨요	(1) 而 (2) 已经A了 (3) 对于A来说	34
	본문2	备受欢迎的高尔夫运动 뜨고 있는 골프	(1) 不但A, 还B, 也C (2) 对A有帮助 (3) 越来越A	38

4과 娱乐 오락	본문1	睡前看手机好吗? 자기 전에 핸드폰을 보면 좋을까요?	(1) 동사+一下 (2) 否则 (3) 对A造成B	46
	본문2	周末一个人怎么过? 주말에 혼자 어떻게 보내나요?	(1) 동사+到 (2) 并 (3) 为了	50

과		제목	문법	페이지
5과 生活 생활	본문1	喝奶茶的年轻人 밀크티 마시는 젊은이들	(1) 不能不 (2) 沉迷于A (3) 总之	58
	본문2	流行简化生活 미니멀리즘의 유행	(1) 从+A+동사+到+B (2) 要(必须)A才B (3) 只有A，才B	62
6과 购物 쇼핑	본문1	喜欢二手商品 중고품을 좋아해요	(1) 동사+过 (2) 除了A，还B (3) 再A，也B	70
	본문2	不喜欢网购 온라인 쇼핑을 싫어해요	(1) 又 (2) 给A带来B (3) 被자문	74
7과 情感 감정	본문1	分手请当面说 헤어지려면 직접 만나서 얘기하세요	(1) 总是 (2) 只好 (3) 其实	82
	본문2	喜欢独处的年轻人 혼자 있기를 좋아하는 젊은이들	(1) 随着 (2) 导致 (3) 在A的同时，也B	86
8과 科技 과학기술	본문1	网上预约很重要 온라인 예약은 중요해요	(1) 越A，越B (2) A，而B则/却C (3) 只(要)A，就B	94
	본문2	最常用的网络热词 가장 많이 쓰는 인터넷 핫 키워드	(1) 不过 (2) 还是 (3) 不管是A还是B，都C	98

부록		
독해 실력 check!	106	정답 및 모범답안 ········ 126
단어 실력 check!	114	단어 색인 ········ 132
본문 해석	118	

이 책의 구성 및 활용

본책

본문 만나기 1, 2

일상에서 자주 접할 수 있는 친근한 주제들로 구성된 독해 본문입니다. 본문 내용을 잘 이해했는지 체크할 수 있는 확인 문제도 제시되어 있습니다.

초급편은 HSK 3~4급 수준의 단어들로 구성되어 있고, 본문 바로 아래에 새 단어를 배치하여 모르는 단어를 바로 확인할 수 있도록 했습니다.

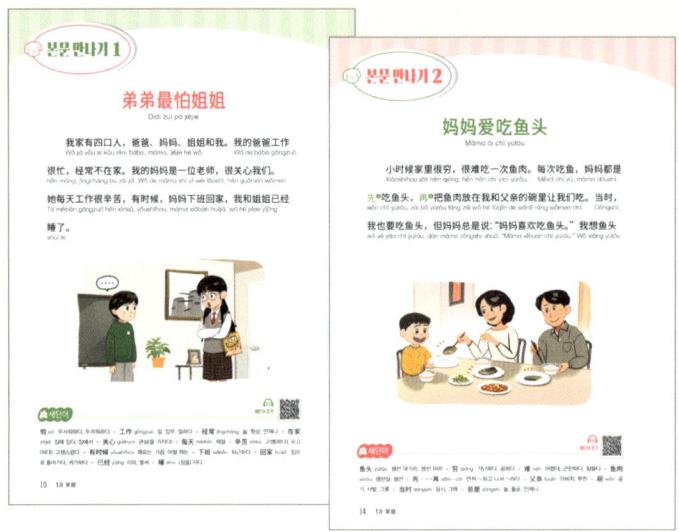

어법 만나기

독해 문장 속 주요 어법들을 간결하게 설명하고 예문과 함께 제시하여 학습자들이 쉽게 이해할 수 있도록 했습니다.

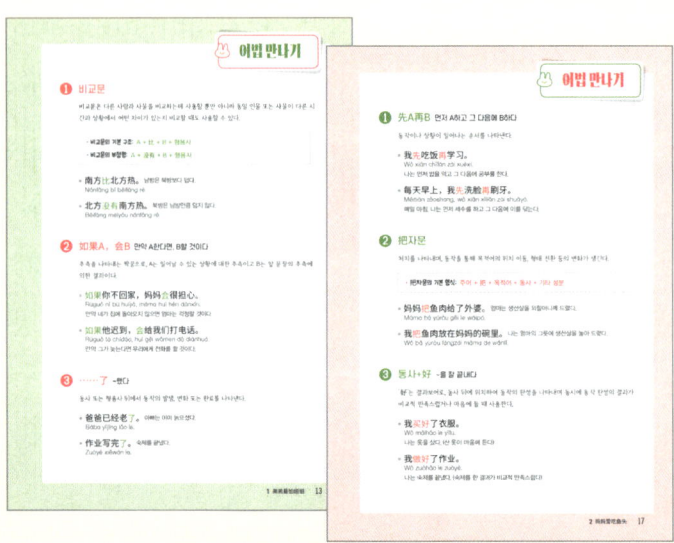

문제 만나기

각 과에서 배운 핵심 표현을 이해하고 연습할 수 있는 다양한 문제들이 제시되어 있습니다.

내 글씨로 독해 즐기기

본문 속 핵심 문장들을 따라 쓰며 글씨 연습을 해 볼 수 있도록 했습니다.

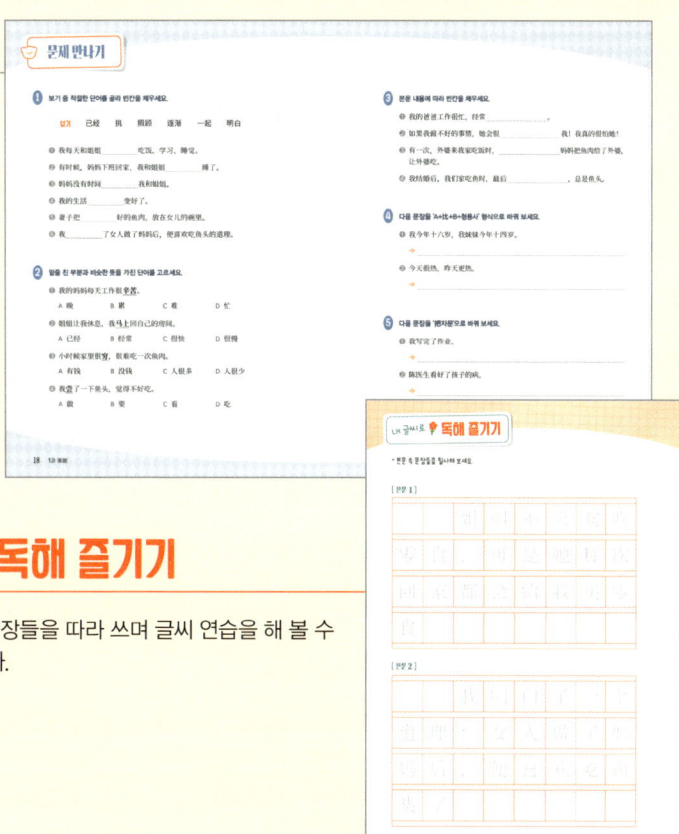

부록

독해 실력 check!

각 과의 핵심 문장을 해석하며 자신의 독해 실력을 체크해 보는 연습 문제입니다. 문장 속 주요 어법을 힌트로 제공했고, 모르는 단어도 다시 한번 확인해 볼 수 있도록 했습니다.

단어 실력 check!

본문 속 주요 단어들을 잘 공부했는지 체크해 보는 연습 문제입니다.

7

MP3 음원

교재 페이지마다 해당 MP3 음원의 QR코드가 기재되어 있습니다. 네이티브 중국인 저자가 직접 녹음한 음원을 반복해서 들으며 공부해 보세요.

MP3 다운로드
- MP3 음원은 '다락원 홈페이지(www.darakwon.co.kr)'를 통해서 무료로 다운로드하실 수 있습니다.
- 스마트폰으로 QR코드를 스캔하면 MP3 다운로드 및 실시간 재생 가능한 페이지로 바로 연결됩니다.

1과

家庭
가족

본문 1 弟弟最怕姐姐
남동생은 누나를 제일 무서워해요

본문 2 妈妈爱吃鱼头
엄마는 생선 머리를 좋아해요

弟弟最怕姐姐
Dìdi zuì pà jiějie

我家有四口人，爸爸、妈妈、姐姐和我。我的爸爸工作
Wǒ jiā yǒu sì kǒu rén, bàba, māma, jiějie hé wǒ. Wǒ de bàba gōngzuò

很忙，经常不在家。我的妈妈是一位老师，很关心我们。
hěn máng, jīngcháng bú zài jiā. Wǒ de māma shì yí wèi lǎoshī, hěn guānxīn wǒmen.

她每天工作很辛苦，有时候，妈妈下班回家，我和姐姐已经
Tā měitiān gōngzuò hěn xīnkǔ, yǒushíhou, māma xiàbān huíjiā, wǒ hé jiějie yǐjīng

睡了。
shuì le.

새단어

怕 pà 무서워하다, 두려워하다 ◆ 工作 gōngzuò 일, 업무, 일하다 ◆ 经常 jīngcháng 늘, 항상, 언제나 ◆ 在家 zàijiā 집에 있다, 집에서 ◆ 关心 guānxīn 관심(을 가지다) ◆ 每天 měitiān 매일 ◆ 辛苦 xīnkǔ 고생(하다), 수고 (하다), 고생스럽다 ◆ 有时候 yǒushíhou 때로는, 가끔, 어떨 때는 ◆ 下班 xiàbān 퇴근하다 ◆ 回家 huíjiā 집으로 돌아가다, 귀가하다 ◆ 已经 yǐjīng 이미, 벌써 ◆ 睡 shuì (잠을) 자다

爸爸妈妈没有时间照顾我们，我每天和我姐姐一起吃饭，
Bàba māma méiyǒu shíjiān zhàogù wǒmen, wǒ měitiān hé wǒ jiějie yìqǐ chīfàn,
一起学习，一起玩儿，一起睡觉、一起上学。我的姐姐比❶我
yìqǐ xuéxí, yìqǐ wánr, yìqǐ shuìjiào、yìqǐ shàngxué. Wǒ de jiějie bǐ wǒ
大六岁，姐姐很聪明。如果❷我做不好的事情，她会❷很严厉地
dà liù suì, jiějie hěn cōngmíng. Rúguǒ wǒ zuò bù hǎo de shìqing, tā huì hěn yánlì de
批评我！我真的很怕她！
pīpíng wǒ! Wǒ zhēnde hěn pà tā!

小时候，我很调皮，经常不听爸爸妈妈的话。有一次，
Xiǎoshíhou, wǒ hěn tiáopí, jīngcháng bù tīng bàba māma de huà. Yǒu yícì,
我感冒了❸，妈妈让我休息，可是我想看电视，妈妈很生气。
wǒ gǎnmào le, māma ràng wǒ xiūxi, kěshì wǒ xiǎng kàn diànshì, māma hěn shēngqì.
姐姐看见我不听妈妈的话，她大声对我说："你不听妈妈的话，
Jiějie kànjiàn wǒ bù tīng māma de huà, tā dàshēng duì wǒ shuō: "Nǐ bù tīng māma de huà,
我会打你呀！"听了姐姐的话，我很害怕，马上回自己的房间
wǒ huì dǎ nǐ ya!" Tīng le jiějie de huà, wǒ hěn hàipà, mǎshàng huí zìjǐ de fángjiān

---

照顾 zhàogù 돌보다, 보살펴 주다 ◆ 和……一起 hé……yìqǐ ~와 함께, 같이 ◆ 吃饭 chīfàn 밥을 먹다, 식사하다 ◆ 学习 xuéxí 공부하다, 학습하다 ◆ 玩儿 wánr 놀다, 여가를 즐기다 ◆ 睡觉 shuìjiào (잠을) 자다 ◆ 上学 shàngxué 등교하다 ◆ 比 bǐ 비교하다, ~에 비해, ~보다 ◆ 岁 suì 세, 살[나이를 세는 단위] ◆ 聪明 cōngmíng 총명하다, 영리하다, 똑똑하다 ◆ 严厉 yánlì 호되다, 매섭다 ◆ 批评 pīpíng 비평하다, 꾸짖다, 주의를 주다 ◆ 真的 zhēnde 정말로, 참으로 ◆ 小时候 xiǎoshíhou 어렸을 때 ◆ 调皮 tiáopí 장난치다, 까불다, 말을 잘 듣지 않다 ◆ 不听……的话 bù tīng……de huà ~의 말을 안 듣다 ◆ 感冒 gǎnmào 감기(에 걸리다) ◆ 休息 xiūxi 휴식(하다), 쉬다 ◆ 生气 shēngqì 화내다, 성내다 ◆ 大声 dàshēng 큰 소리, 소리를 크게 내다 ◆ 对……说 duì……shuō ~에게 말하다 ◆ 打 dǎ 때리다, 손찌검하다, (공을) 치다 ◆ 害怕 hàipà 두려워하다, 무서워하다 ◆ 马上 mǎshàng 곧, 즉시 ◆ 房间 fángjiān 방

休息了❸。因为姐姐真的会打我，而且打得很痛。
xiūxi le.　　　Yīnwèi jiějie zhēnde huì dǎ wǒ, érqiě dǎ de hěn tòng.

姐姐也很喜欢我，她不喜欢吃零食，可是她每次回家都会
Jiějie yě hěn xǐhuan wǒ, tā bù xǐhuan chī língshí, kěshì tā měicì huíjiā dōu huì

给我买零食。我过生日的时候，姐姐会给我买生日礼物。这就
gěi wǒ mǎi língshí. Wǒ guò shēngrì de shíhou, jiějie huì gěi wǒ mǎi shēngrì lǐwù. Zhè jiù

是我的姐姐，我有这样的姐姐真的很幸福。
shì wǒ de jiějie, wǒ yǒu zhèyàng de jiějie zhēnde hěn xìngfú.

😊 확인하기

1. 나는 왜 누나를 무서워하나요?
   - ❶ 姐姐比我大
   - ❷ 姐姐关心我
   - ❸ 姐姐批评我
   - ❹ 姐姐很聪明

2. 나는 왜 행복하다고 느끼나요?
   - ❶ 姐姐批评我
   - ❷ 姐姐喜欢我
   - ❸ 和妈妈一起学习
   - ❹ 和爸爸一起睡觉

因为 yīnwèi 왜냐하면 ◆ 而且 érqiě 게다가, 또한 ◆ 痛 tòng 아프다 ◆ 零食 língshí 군것질, 간식 ◆ 每次 měicì 매번 ◆ 过生日 guò shēngrì 생일을 쇠다 ◆ 礼物 lǐwù 선물, 예물 ◆ 幸福 xìngfú 행복(하다)

어법 만나기

❶ 비교문

비교문은 다른 사람과 사물을 비교하는데 사용할 뿐만 아니라 동일 인물 또는 사물이 다른 시간과 상황에서 어떤 차이가 있는지 비교할 때도 사용할 수 있다.

> - 비교문의 기본 구조: A + 比 + B + 형용사
> - 비교문의 부정형: A + 没有 + B + 형용사

- 南方**比**北方热。 남방은 북방보다 덥다.
  Nánfāng bǐ běifāng rè.

- 北方**没有**南方热。 북방은 남방만큼 덥지 않다.
  Běifāng méiyǒu nánfāng rè.

❷ 如果A，会B 만약 A한다면, B할 것이다

추측을 나타내는 짝꿍으로, A는 일어날 수 있는 상황에 대한 추측이고 B는 앞 문장의 추측에 의한 결과이다.

- **如果**你不回家，妈妈**会**很担心。
  Rúguǒ nǐ bù huíjiā, māma huì hěn dānxīn.
  만약 네가 집에 돌아오지 않으면 엄마는 걱정할 것이다.

- **如果**他迟到，**会**给我们打电话。
  Rúguǒ tā chídào, huì gěi wǒmen dǎ diànhuà.
  만약 그가 늦는다면 우리에게 전화를 할 것이다.

❸ ……了 ~했다

동사 또는 형용사 뒤에서 동작의 발생, 변화 또는 완료를 나타낸다.

- 爸爸已经老**了**。 아빠는 이미 늙으셨다.
  Bàba yǐjīng lǎo le.

- 作业写完**了**。 숙제를 끝냈다.
  Zuòyè xiěwán le.

妈妈爱吃鱼头
Māma ài chī yútóu

小时候家里很穷，很难吃一次鱼肉。每次吃鱼，妈妈都是
Xiǎoshíhou jiāli hěn qióng, hěn nán chī yícì yúròu.　Měicì chī yú, māma dōushì

先❶吃鱼头，再❶把鱼肉放在我和父亲的碗里让我们吃。当时，
xiān chī yútóu, zài bǎ yúròu fàng zài wǒ hé fùqīn de wǎnlǐ ràng wǒmen chī.　Dāngshí,

我也要吃鱼头，但妈妈总是说：＂妈妈喜欢吃鱼头。＂我想鱼头
wǒ yě yào chī yútóu, dàn māma zǒngshì shuō: "Māma xǐhuan chī yútóu." Wǒ xiǎng yútóu

새단어

鱼头 yútóu 생선 대가리, 생선 머리 ◆ 穷 qióng 가난하다, 궁하다 ◆ 难 nán 어렵다, 곤란하다, 힘들다 ◆ 鱼肉 yúròu 생선살, 생선 ◆ 先……再 xiān……zài 먼저 ~하고 나서 ~하다 ◆ 父亲 fùqīn 아버지, 부친 ◆ 碗 wǎn 공기, 사발, 그릇 ◆ 当时 dāngshí 당시, 그때 ◆ 总是 zǒngshì 늘, 줄곧, 언제나

一定很好吃。有一次妈妈不在家，我尝了一下鱼头，觉得
yídìng hěn hǎochī. Yǒu yícì māma bú zài jiā, wǒ cháng le yíxià yútóu, juéde

不好吃，没有鱼肉好吃。
bù hǎochī, méiyǒu yúròu hǎochī.

有一次，外婆来我家，吃饭时，没想到妈妈把❷鱼肉给了
Yǒu yícì, wàipó lái wǒjiā, chīfàn shí, méi xiǎngdào māma bǎ yúròu gěi le

外婆，让外婆吃，可外婆说："你忘啦？妈妈最喜欢吃鱼头。"
wàipó, ràng wàipó chī, kě wàipó shuō: "Nǐ wàng la? Māma zuì xǐhuan chī yútóu."

那时，我想，怎么妈妈的妈妈也喜欢吃鱼头呢？
Nà shí, wǒ xiǎng, zěnme māma de māma yě xǐhuan chī yútóu ne?

29岁时，我结婚了。生活逐渐变好。每次和妻子吃鱼，
Èrshí jiǔ suì shí, wǒ jiéhūn le. Shēnghuó zhújiàn biànhǎo. Měicì hé qīzi chī yú,

最后剩下的，总是鱼头。
zuìhòu shèngxià de, zǒngshì yútóu.

后来，我有了女儿。有一次吃饭时，我的妻子把挑好❸的
Hòulái, wǒ yǒu le nǚ'ér. Yǒu yícì chīfàn shí, wǒ de qīzi bǎ tiāohǎo de

鱼肉，放在女儿的碗里，自己却吃起了鱼头。女儿也想吃鱼头，
yúròu, fàng zài nǚ'ér de wǎnlǐ, zìjǐ què chīqǐ le yútóu. Nǚ'ér yě xiǎng chī yútóu,

但妻子也说："乖孩子，妈妈喜欢吃鱼头。"
dàn qīzi yě shuō: "Guāi háizi, māma xǐhuan chī yútóu."

一定 yídìng 반드시, 꼭 ◆ 好吃 hǎochī 맛있다, 맛나다 ◆ 尝 cháng 맛보다 ◆ 一下 yíxià 시험 삼아 해 보다, 한번 ~하다 ◆ 觉得 juéde ~라고 느끼다, ~라고 생각하다 ◆ 外婆 wàipó 외할머니 ◆ 没想到 méi xiǎngdào 생각지 못하다, 뜻밖이다 ◆ 忘 wàng 잊다 ◆ 怎么 zěnme 어떻게, 어째서, 왜 ◆ 结婚 jiéhūn 결혼하다 ◆ 生活 shēnghuó 생활(하다), 살림, 생계 ◆ 逐渐 zhújiàn 점차, 점점 ◆ 变好 biànhǎo 개선되다, 좋아지다 ◆ 妻子 qīzi 아내, 처 ◆ 最后 zuìhòu 최후, 맨 마지막 ◆ 剩下 shèngxià 남다, 남기다 ◆ 后来 hòulái 그 후, 그 뒤에 ◆ 女儿 nǚ'ér 딸 ◆ 挑好 tiāohǎo 잘 고르다 ◆ 却 què 오히려, 도리어 ◆ 乖孩子 guāi háizi 착한 아이, 착한 어린이

从此，每次吃鱼，女儿总是用小手把鱼头放进妈妈的碗里
Cóngcǐ, měicì chī yú, nǚ'ér zǒngshì yòng xiǎoshǒu bǎ yútóu fàngjìn māma de wǎnlǐ

说："妈妈，您吃鱼头。"
shuō: "Māma, nín chī yútóu."

从那以后，我明白了一个道理：女人做了妈妈后，便喜欢
Cóng nà yǐhòu, wǒ míngbai le yí ge dàolǐ: nǚrén zuò le māma hòu, biàn xǐhuan

吃鱼头了。
chī yútóu le.

 확인하기

1. 어렸을 때 나는 생선 머리가 어떤 맛이라고 생각했나요?

    ❶ 好吃　　　　❷ 难吃　　　　❸ 很香　　　　❹ 很咸

2. 마지막에 나는 어떤 이치를 깨달았나요?

    ❶ 其实妈妈不爱吃鱼头　　　　❷ 妈妈很喜欢吃鱼头

    ❸ 爸爸和我都吃鱼头　　　　❹ 我们家小时候很穷

从此 cóngcǐ 이제부터, 그로부터, 지금부터 ◆ **从那以后** cóng nà yǐhòu 그때 이후, 그 후로 ◆ **明白** míngbai 잘 알다, 깨닫다, 깨치다 ◆ **道理** dàolǐ 도리, 일리, 이치 ◆ **女人** nǚrén 여자, 여인 ◆ **便** biàn 바로, 즉, 곧 ◆ **难吃** nánchī 맛이 없다, 먹기 어렵다 ◆ **香** xiāng (음식이) 맛있다 ◆ **咸** xián (맛이) 짜다 ◆ **其实** qíshí (그러나) 사실은, 실제는

어법 만나기

❶ 先A再B 먼저 A하고 그 다음에 B하다

동작이나 상황이 일어나는 순서를 나타낸다.

- 我**先**吃饭**再**学习。
  Wǒ xiān chīfàn zài xuéxí.
  나는 먼저 밥을 먹고 그 다음에 공부를 한다.

- 每天早上，我**先**洗脸**再**刷牙。
  Měitiān zǎoshang, wǒ xiān xǐliǎn zài shuāyá.
  매일 아침, 나는 먼저 세수를 하고 그 다음에 이를 닦는다.

❷ 把자문

처치를 나타내며, 동작을 통해 목적어의 위치 이동, 형태 전환 등의 변화가 생긴다.

> • 把자문의 기본 형식: 주어 + 把 + 목적어 + 동사 + 기타 성분

- 妈妈**把**鱼肉给了外婆。 엄마는 생선살을 외할머니께 드렸다.
  Māma bǎ yúròu gěi le wàipó.

- 我**把**鱼肉放在妈妈的碗里。 나는 엄마의 그릇에 생선살을 놓아 드렸다.
  Wǒ bǎ yúròu fàngzài māma de wǎnlǐ.

❸ 동사+好 ~을 잘 끝내다

'好'는 결과보어로, 동사 뒤에 위치하여 동작의 완성을 나타내며 동시에 동작 완성의 결과가 비교적 만족스럽거나 마음에 들 때 사용한다.

- 我**买好**了衣服。
  Wǒ mǎihǎo le yīfu.
  나는 옷을 샀다. (산 옷이 마음에 든다)

- 我**做好**了作业。
  Wǒ zuòhǎo le zuòyè.
  나는 숙제를 끝냈다. (숙제를 한 결과가 비교적 만족스럽다)

문제 만나기

1 보기 중 적절한 단어를 골라 빈칸을 채우세요.

> 보기 : 已经　挑　照顾　逐渐　一起　明白

❶ 我每天和姐姐_____吃饭、学习、睡觉。

❷ 有时候，妈妈下班回家，我和姐姐_____睡了。

❸ 妈妈没有时间_____我和姐姐。

❹ 我的生活_____变好了。

❺ 妻子把_____好的鱼肉，放在女儿的碗里。

❻ 我_____了女人做了妈妈后，便喜欢吃鱼头的道理。

2 밑줄 친 부분과 비슷한 뜻을 가진 단어를 고르세요.

❶ 我的妈妈每天工作很**辛苦**。
　A 晚　　　　B 累　　　　C 难　　　　D 忙

❷ 姐姐让我休息，我**马上**回自己的房间。
　A 已经　　　B 经常　　　C 很快　　　D 很慢

❸ 小时候家里很**穷**，很难吃一次鱼肉。
　A 有钱　　　B 没钱　　　C 人很多　　D 人很少

❹ 我**尝**了一下鱼头，觉得不好吃。
　A 做　　　　B 要　　　　C 看　　　　D 吃

3 본문 내용에 따라 빈칸을 채우세요.

① 我的爸爸工作很忙，经常_____。

② 如果我做不好的事情，她会很_____我！我真的很怕她！

③ 有一次，外婆来我家吃饭时，_____妈妈把鱼肉给了外婆，让外婆吃。

④ 我结婚后，我们家吃鱼时，最后_____，总是鱼头。

4 다음 문장을 'A+比+B+형용사' 형식으로 바꿔 보세요.

① 我今年十六岁，我妹妹今年十四岁。

→ _____

② 今天很热，昨天更热。

→ _____

5 다음 문장을 '把자문'으로 바꿔 보세요.

① 我写完了作业。

→ _____

② 陈医生看好了孩子的病。

→ _____

내 글씨로 독해 즐기기

■ 본문 속 문장들을 필사해 보세요.

[본문 1]

姐姐不喜欢吃零食，可是她每次回家都会给我买零食。

[본문 2]

我明白了一个道理：女人做了妈妈后，便喜欢吃鱼头了。

2과

交友
친구 사귀기

본문 1 向异性介绍自己
이성에게 자기소개하기

본문 2 网上交友可以吗?
온라인으로 친구를 사귀어도 괜찮나요?

向异性介绍自己
Xiàng yìxìng jièshào zìjǐ

认识新朋友时，都要介绍自己，如果新朋友是异性，一个
Rènshi xīn péngyou shí, dōu yào jièshào zìjǐ, rúguǒ xīn péngyou shì yìxìng, yí ge

好的自我介绍就很重要！那么，怎么向异性介绍自己呢？向
hǎo de zìwǒ jièshào jiù hěn zhòngyào! Nàme, zěnme xiàng yìxìng jièshào zìjǐ ne? Xiàng

异性介绍自己，一定要真诚，要有礼貌和自信。
yìxìng jièshào zìjǐ, yídìng yào zhēnchéng, yào yǒu lǐmào hé zìxìn.

새단어

向 xiàng ～에게, ～을 향해 ◆ **异性** yìxìng 이성, 성별이 다른 사람 ◆ **介绍** jièshào 소개하다 ◆ **认识** rènshi 알다, 인식하다 ◆ **新** xīn 새롭다, 새로운 ◆ **朋友** péngyou 친구 ◆ **自我介绍** zìwǒ jièshào 자기소개(하다) ◆ **重要** zhòngyào 중요하다 ◆ **那么** nàme 그렇다면, 그러면 ◆ **真诚** zhēnchéng 진실하다, 성실하다 ◆ **礼貌** lǐmào 예의 (바르다) ◆ **自信** zìxìn 자신(하다), 자신감

首先❶，可以介绍自己的爱好、职业、家人、朋友。让对方
Shǒuxiān, kěyǐ jièshào zìjǐ de àihào、zhíyè、jiārén、péngyou. Ràng duìfāng

了解自己，还可以聊自己对未来的计划。如果双方聊天聊得很
liǎojiě zìjǐ, hái kěyǐ liáo zìjǐ duì wèilái de jìhuà. Rúguǒ shuāngfāng liáotiān liáo de hěn

开心，那么就有机会成为好朋友。
kāixīn, nàme jiù yǒu jīhuì chéngwéi hǎo péngyou.

其次❶，对方问自己问题时，要认真地听，还要礼貌地回答
Qícì, duìfāng wèn zìjǐ wèntí shí, yào rènzhēn de tīng, hái yào lǐmào de huídá

对方的问题。不喜欢回答的问题，要真诚地告诉对方，自己
duìfāng de wèntí. Bù xǐhuan huídá de wèntí, yào zhēnchéng de gàosu duìfāng, zìjǐ

为什么不喜欢，这样会给对方留下好的印象。也可以问
wèi shénme bù xǐhuan, zhèyàng huì gěi duìfāng liúxià hǎo de yìnxiàng. Yě kěyǐ wèn

对方问题，**当❷**发现双方的爱好一样，**就❷**可以多**聊一聊❸**，让
duìfāng wèntí, dāng fāxiàn shuāngfāng de àihào yíyàng, jiù kěyǐ duō liáo yi liáo, ràng

对方更容易了解自己。
duìfāng gèng róngyì liǎojiě zìjǐ.

最后❶，相信自己是一个很受欢迎的人。和异性聊天要有
Zuìhòu, xiāngxìn zìjǐ shì yí ge hěn shòu huānyíng de rén. Hé yìxìng liáotiān yào yǒu

---

◆ **首先** shǒuxiān 맨 먼저, 우선 ◆ **爱好** àihào 취미, 기호 ◆ **职业** zhíyè 직업 ◆ **家人** jiārén 가족, 한 집안 식구 ◆ **对方** duìfāng 상대방, 상대편 ◆ **了解** liǎojiě (자세하게 잘) 알다, 이해하다 ◆ **未来** wèilái 미래 ◆ **计划** jìhuà 계획(하다) ◆ **双方** shuāngfāng 쌍방 ◆ **聊天** liáotiān 이야기(하다) ◆ **开心** kāixīn 유쾌하다, 즐겁다 ◆ **机会** jīhuì 기회 ◆ **成为** chéngwéi ～이 되다 ◆ **其次** qícì 다음, 그다음 ◆ **问题** wèntí 질문, 문제 ◆ **认真** rènzhēn 진지하다, 성실하다, 착실하다 ◆ **回答** huídá 대답하다, 화답하다 ◆ **告诉** gàosu 알리다, 말하다 ◆ **为什么** wèi shénme 무엇 때문에, 왜, 어째서 ◆ **留下** liúxià 남기다, 남겨 두다 ◆ **印象** yìnxiàng 인상 ◆ **发现** fāxiàn 발견하다 ◆ **一样** yíyàng 같다, 동일하다 ◆ **容易** róngyì 쉽다, 용이하다, ～하기 쉽다 ◆ **相信** xiāngxìn 믿다, 신임하다 ◆ **受欢迎** shòu huānyíng 환영을 받다, 인기가 있다

自信，自信可以让对方更喜欢和你聊天，也可以让双方
zìxìn, zìxìn kěyǐ ràng duìfāng gèng xǐhuan hé nǐ liáotiān, yě kěyǐ ràng shuāngfāng

感到更愉快、更轻松。
gǎndào gèng yúkuài、gèng qīngsōng.

😊 확인하기

1. 이성에게 자신을 소개할 때 가장 중요한 것은 무엇인가요?
   - ❶ 要介绍自己的家人
   - ❷ 要让对方了解自己
   - ❸ 介绍自己时要真诚
   - ❹ 介绍自己的人生计划

2. 서로가 즐겁고 편안함을 느끼게 하는 방법은 무엇인가요?
   - ❶ 聊天时要有自信
   - ❷ 相信自己是个受欢迎的人
   - ❸ 告诉对方自己的爱好
   - ❹ 向对方介绍自己的家人

感到 gǎndào 느끼다, 생각하다, 여기다 ◆ **愉快** yúkuài 기분이 좋다, 기쁘다, 유쾌하다 ◆ **轻松** qīngsōng (기분이) 홀가분하다, 가뿐하다 ◆ **人生** rénshēng 인생

어법 만나기

① **首先A，其次B，最后C** 먼저 A하고 그 다음 B하고 마지막으로 C하다

서면어에서 자주 쓰이며, 과정을 어떤 순서에 따라 서술할 때 쓴다.

- 学习时首先要预习，其次认真听课，最后写作业。
  Xuéxí shí shǒuxiān yào yùxí, qícì rènzhēn tīngkè, zuìhòu xiě zuòyè.
  공부를 할 때는 먼저 예습을 하고, 그 다음 수업을 열심히 들어야 하며 마지막으로 숙제를 해야 한다.

- 回家以后，我首先喝了点水，其次写作业，最后再出去玩儿。
  Huíjiā yǐhòu, wǒ shǒuxiān hē le diǎn shuǐ, qícì xiě zuòyè, zuìhòu zài chūqù wánr.
  집에 돌아온 후, 나는 먼저 물을 조금 마신 다음 숙제를 한 후 마지막으로 놀러 나갔다.

② **当A，就B** A할 때/A한다면 B하다

고정 짝꿍으로, 여기서 '当'은 '如果……的时候'라는 뜻이다. 때문에 뒤에 종종 '就'가 함께 나온다.

- 当你有了梦想，你就可以努力实现它。
  Dāng nǐ yǒu le mèngxiǎng, nǐ jiù kěyǐ nǔlì shíxiàn tā.
  당신이 꿈을 가지고 있다면 그것을 실현하기 위해 노력할 수 있다.

- 当天黑了，城市的灯火就变得很明亮。
  Dāng tiān hēi le, chéngshì de dēnghuǒ jiù biàn de hěn míngliàng.
  날이 어두워지면 도시의 등불이 매우 밝아진다.

③ **동사+一+동사** ~을 해 보다

일반적으로 동작에 필요한 시간이 짧음을 나타내며 '시도해 보다'라는 뜻을 가지고 있다.

- 我说一说自己的想法。 나는 내 생각을 말해 보려고 한다.
  Wǒ shuō yi shuō zìjǐ de xiǎngfǎ.

- 让我看一看你的计划。 당신의 계획을 나에게 보여 주세요.
  Ràng wǒ kàn yi kàn nǐ de jìhuà.

网上交友可以吗？
Wǎngshàng jiāoyǒu kěyǐ ma?

宁宁是一个中学生，学习很努力，每次考试的成绩都很
Níngning shì yí ge zhōngxuéshēng, xuéxí hěn nǔlì, měicì kǎoshì de chéngjì dōu hěn

好。考上高中后，宁宁的妈妈就送给他一部智能手机。
hǎo.　Kǎoshàng gāozhōng hòu, níngning de māma jiù sònggěi tā yí bù zhìnéng shǒujī.

有了智能手机后，他通过❶网络交了很多网友，经常和
Yǒu le zhìnéng shǒujī hòu, tā tōngguò wǎngluò jiāo le hěn duō wǎngyǒu, jīngcháng hé

새단어

网上 wǎngshàng 온라인, 인터넷 • **交友** jiāoyǒu 교제하다, 교우하다 • **可以** kěyǐ ~해도 된다, ~할 수 있다 • **中学生** zhōngxuéshēng 중학생 • **努力** nǔlì 노력하다, 힘쓰다 • **考试** kǎoshì 시험(을 보다/치다) • **成绩** chéngjì 성적, 성과 • **考上** kǎoshàng (시험에) 합격하다 • **高中** gāozhōng 고등학교 • **送给** sònggěi 주다, 선사하다 • **部** bù 대, 기[전자기기를 세는 양사] • **智能手机** zhìnéng shǒujī 스마트폰 • **通过** tōngguò ~을(를) 통하다, ~에 의하다 • **网络** wǎngluò 네트워크 • **交** jiāo 사귀다 • **网友** wǎngyǒu PC통신을 매개로 만난 친구, 인터넷 동호인

网友们聊天。
wǎngyǒumen liáotiān.

宁宁的妈妈不喜欢宁宁在网上交朋友，因为宁宁
Níngning de māma bù xǐhuan níngning zài wǎngshàng jiāo péngyou, yīnwèi níngning

每天只想和网友聊天，并不关心生活中的朋友，
měitiān zhǐ xiǎng hé wǎngyǒu liáotiān, bìng bù guānxīn shēnghuó zhōng de péngyou,

结果很多朋友都离开宁宁，宁宁与朋友的感情也没有❷
jiéguǒ hěn duō péngyou dōu líkāi níngning, níngning yǔ péngyou de gǎnqíng yě méiyǒu

以前好❷，所以妈妈很担心。
yǐqián hǎo, suǒyǐ māma hěn dānxīn.

宁宁的妈妈认为，人是❸不能没有朋友的❸，必须要有
Níngning de māma rènwéi, rén shì bù néng méiyǒu péngyou de, bìxū yào yǒu

真正的朋友，什么是真正的朋友？就是遇到困难时，
zhēnzhèng de péngyou, shénme shì zhēnzhèng de péngyou? Jiùshì yùdào kùnnan shí,

朋友会马上帮助你，这样的朋友网络上是没有的，
péngyou huì mǎshàng bāngzhù nǐ, zhèyàng de péngyou wǎngluò shàng shì méiyǒu de,

只会出现在生活中。
zhǐ huì chūxiàn zài shēnghuó zhōng.

所以，宁宁的妈妈决定和宁宁好好谈一谈。在谈话的
Suǒyǐ, níngning de māma juédìng hé níngning hǎohǎo tán yi tán. Zài tánhuà de

---

结果 jiéguǒ 결국, 끝내 ◆ **离开** líkāi 떠나다, 벗어나다, 헤어지다 ◆ **与** yǔ ~와 ◆ **感情** gǎnqíng 감정, 친근감 ◆ **以前** yǐqián 이전, 예전 ◆ **担心** dānxīn 염려하다, 걱정하다 ◆ **认为** rènwéi 여기다, 생각하다 ◆ **必须** bìxū 반드시 ~해야 한다, 꼭 ~해야 한다 ◆ **真正** zhēnzhèng 진정한, 참된, 진짜의 ◆ **遇到** yùdào 만나다, 마주치다 ◆ **困难** kùnnan 곤란, 어려움, 곤란하다, 어렵다 ◆ **帮助** bāngzhù 돕다, 원조하다 ◆ **出现** chūxiàn 나타나다, 출현하다 ◆ **决定** juédìng 결정하다, 결심하다 ◆ **好好** hǎohǎo 잘, 충분히 ◆ **谈一谈** tán yi tán 얘기를 하다, 상의하다, 토론하다 ◆ **谈话** tánhuà 담화하다, 이야기(하다), 대화

时候，她告诉宁宁，网友是可以交的，但不能忘记生活中
shíhou, tā gàosu níngning, wǎngyǒu shì kěyǐ jiāo de, dàn bù néng wàngjì shēnghuó zhōng

的朋友，因为生活中的朋友更重要！会和自己一起笑，
de péngyou, yīnwèi shēnghuó zhōng de péngyou gèng zhòngyào! Huì hé zìjǐ yìqǐ xiào,

一起哭，一起享受生活中的快乐！宁宁听了妈妈的话，认为
yìqǐ kū, yìqǐ xiǎngshòu shēnghuó zhōng de kuàilè! Níngning tīng le māma de huà, rènwéi

妈妈说的对，他想今后一定要关心生活中的朋友。
māma shuō de duì, tā xiǎng jīnhòu yídìng yào guānxīn shēnghuó zhōng de péngyou.

확인하기

1. 닝닝의 엄마는 왜 닝닝이 온라인에서 친구 사귀는 것을 좋아하지 않나요?
   - ❶ 不关心妈妈
   - ❷ 不关心学习
   - ❸ 只关心现实中的朋友
   - ❹ 只关心网络上的朋友

2. 닝닝의 엄마는 어떤 친구가 더 중요하다고 생각하나요?
   - ❶ 学校的朋友
   - ❷ 网络上的朋友
   - ❸ 妈妈喜欢的朋友
   - ❹ 和自己一起享受生活的朋友

忘记 wàngjì 잊어버리다, 소홀히 하다 • 笑 xiào 웃다 • 哭 kū 울다 • 享受 xiǎngshòu 향수하다, 누리다, 즐기다 • 快乐 kuàilè 즐겁다, 유쾌하다, 즐거움 • 对 duì 맞다, 옳다 • 今后 jīnhòu 이제부터, 앞으로 • 现实 xiànshí 현실(적이다)

어법 만나기

① 通过 ~을 통해, ~에 의해

개사로, 뒤에 오는 동작의 매개체나 수단을 끌어온다.

- 我们通过翻译交谈了很长时间。
  Wǒmen tōngguò fānyì jiāotán le hěn cháng shíjiān.
  우리는 통역을 통해 오랫동안 이야기를 나눴다.

- 通过什么方式我们才能找到他?
  Tōngguò shénme fāngshì wǒmen cáinéng zhǎodào tā?
  우리는 어떤 방법으로 그를 찾을 수 있을까?

② A没有B好 A는 B만큼 좋지 않다

비교문의 부정형으로, 구조는 'A+没有+B+형용사'이다.

- 他学习没有我学习认真。
  Tā xuéxí méiyǒu wǒ xuéxí rènzhēn.
  그는 나만큼 열심히 공부하지는 않는다.

- 哥哥没有弟弟那么喜欢运动。
  Gēge méiyǒu dìdi name xǐhuan yùndòng.
  형은 남동생만큼 그렇게 운동을 좋아하지는 않는다.

③ 是……的

어떤 일이나 동작이 발생한 '시간, 장소, 방식, 목적, 조건' 등을 강조한다. 일반적으로 '的'는 문장 끝에 사용한다.

- 这张飞机票是在朋友的帮助下买到的。
  Zhè zhāng fēijī piào shì zài péngyou de bāngzhù xià mǎidào de.
  이 비행기표는 친구의 도움으로 산 것이다. (방식)

- 他们是为了更好地学习汉语来中国的。
  Tāmen shì wèile gèng hǎo de xuéxí Hànyǔ lái Zhōngguó de.
  그들은 중국어를 더 잘 배우기 위해 중국에 왔다. (목적)

문제 만나기

1 보기 중 적절한 단어를 골라 빈칸을 채우세요.

| 보기 | 不错 介绍 必须 礼貌 留下 享受 |

❶ 对方问自己问题时，要认真地听，还要_____地回答。

❷ 向异性_____自己，一定要有自信。

❸ 一定要给对方_____好的印象。

❹ 宁宁每次考试的成绩都_____。

❺ 人_____要有真正的朋友。

❻ 和朋友_____生活中的快乐。

2 밑줄 친 부분과 비슷한 뜻을 가진 단어를 고르세요.

❶ 向异性介绍自己，一定要**真诚**。

　A 真心　　B 自信　　C 认真　　D 礼貌

❷ 当发现双方的爱好一样，就可以多**聊一聊**。

　A 说一说　B 讨论讨论　C 看一看　D 了解了解

❸ 遇到困难时，真正的朋友会**马上**帮助你。

　A 最近　　B 将来　　C 以后　　D 立刻

❹ 宁宁与朋友的感情也没有以前好，所以妈妈很**担心**。

　A 伤心　　B 担忧　　C 满意　　D 困难

3 본문 내용에 따라 빈칸을 채우세요.

① 向异性介绍自己，一定要＿＿＿＿＿＿＿＿，

要有＿＿＿＿＿＿＿＿和自信。

② 如果双方聊天聊得＿＿＿＿＿＿＿＿，那么就有机会成为好朋友。

③ 宁宁每天只想和网友聊天，不关心＿＿＿＿＿＿＿＿的朋友。

④ 宁宁的妈妈决定和宁宁好好＿＿＿＿＿＿＿＿。

4 '如果……，那么……'를 사용하여 두 문장을 한 문장으로 바꿔 보세요.

① A) 我们能够更加努力地工作，B) 能取得更好的成果。

➡ ＿＿＿＿＿＿＿＿＿＿＿＿＿＿＿＿＿＿＿＿＿＿＿＿＿＿＿＿＿＿＿

② A) 他能来参加会议，B) 我们可以听他的意见。

➡ ＿＿＿＿＿＿＿＿＿＿＿＿＿＿＿＿＿＿＿＿＿＿＿＿＿＿＿＿＿＿＿

5 '是……的'를 사용하여 밑줄 친 부분을 강조해 보세요.

① 他们从<u>韩国</u>来。

➡ ＿＿＿＿＿＿＿＿＿＿＿＿＿＿＿＿＿＿＿＿＿＿＿＿＿＿＿＿＿＿＿

② 他<u>通过电脑</u>上课。

➡ ＿＿＿＿＿＿＿＿＿＿＿＿＿＿＿＿＿＿＿＿＿＿＿＿＿＿＿＿＿＿＿

내 글씨로 독해 즐기기

■ 본문 속 문장들을 필사해 보세요.

[본문 1]

向异性介绍自己，一定要真诚，要有礼貌和自信。

[본문 2]

遇到困难时，朋友会马上帮助你，这样的朋友网络上是没有的，只会出现在生活中。

3과

爱好
취미

본문 1　喜欢网上冲浪
　　　　웹 서핑을 즐겨요

본문 2　备受欢迎的高尔夫运动
　　　　뜨고 있는 골프

喜欢网上冲浪
Xǐhuan wǎngshàng chōnglàng

现在，在互联网上我们可以看到大量的信息，因此就有很
Xiànzài, zài hùliánwǎng shàng wǒmen kěyǐ kàndào dàliàng de xìnxī, yīncǐ jiù yǒu hěn

多人把太多的时间花在互联网上。他们可以在网络上找
duō rén bǎ tài duō de shíjiān huāzài hùliánwǎng shàng. Tāmen kěyǐ zài wǎngluò shàng zhǎo

新闻、看电影、听音乐、了解新知识，而❶这些行为并没有
xīnwén、kàn diànyǐng、tīng yīnyuè、liǎojiě xīn zhīshi, ér zhèxiē xíngwéi bìng méiyǒu

새단어

网上冲浪 wǎngshàng chōnglàng 웹 서핑, 인터넷 서핑 ◆ 互联网 hùliánwǎng 인터넷 ◆ 大量 dàliàng 대량의, 다량의 ◆ 信息 xìnxī 정보, 소식 ◆ 因此 yīncǐ 그래서, 이 때문에 ◆ 时间 shíjiān 시간 ◆ 花 huā (돈·시간을) 쓰다, 들이다 ◆ 找 zhǎo 찾다, 구하다 ◆ 新闻 xīnwén (신문이나 방송 따위의) 뉴스 ◆ 电影 diànyǐng 영화 ◆ 音乐 yīnyuè 음악 ◆ 知识 zhīshi 지식 ◆ 而 ér 하지만, 그러나, 또한, 그리고 ◆ 行为 xíngwéi 행위

什么目的，因此被称为网上冲浪。
shénme mùdì, yīncǐ bèi chēngwéi wǎngshàng chōnglàng.

在今天的社会中，互联网发展得非常快，上网
Zài jīntiān de shèhuì zhōng, hùliánwǎng fāzhǎn de fēicháng kuài, shàngwǎng

冲浪 已经❷ 流行 了❷ 一段时间。许多人喜欢在休息的时候进行
chōnglàng yǐjīng liúxíng le yíduàn shíjiān. Xǔduō rén xǐhuan zài xiūxi de shíhou jìnxíng

网上冲浪，也喜欢网上冲浪带来的各种乐趣。
wǎngshàng chōnglàng, yě xǐhuan wǎngshàng chōnglàng dàilái de gèzhǒng lèqù.

那么年轻人为什么喜欢网上冲浪？
Nàme niánqīngrén wèi shénme xǐhuan wǎngshàng chōnglàng?

这是因为互联网上有很多新知识，对于❸年轻人来说❸，
Zhè shì yīnwèi hùliánwǎng shàng yǒu hěn duō xīn zhīshi, duìyú niánqīngrén láishuō,

这些知识不但可以满足年轻人的好奇心，还可以让自己更进步。
zhèxiē zhīshi búdàn kěyǐ mǎnzú niánqīngrén de hàoqíxīn, hái kěyǐ ràng zìjǐ gèng jìnbù.

还有，很多年轻人在网络上可以找到自己喜欢看的各种
Háiyǒu, hěn duō niánqīngrén zài wǎngluò shàng kěyǐ zhǎodào zìjǐ xǐhuan kàn de gèzhǒng

---

◆ **目的** mùdì 목적 ◆ **被称为** bèi chēngwéi ~라고 불리다 ◆ **社会** shèhuì 사회 ◆ **发展** fāzhǎn 발전(하다) ◆ **上网** shàngwǎng 인터넷에 접속하다 ◆ **流行** liúxíng 유행(하다), 성행(하다), 넓게 퍼지다 ◆ **一段时间** yíduàn shíjiān 한때, 얼마간, 한동안 ◆ **许多** xǔduō 대단히 많은, 허다한 ◆ **进行** jìnxíng 진행하다, (어떠한 활동을) 하다 ◆ **带来** dàilái 가져오다, 가져다주다 ◆ **各种** gèzhǒng 각종(의), 여러 가지 ◆ **乐趣** lèqù 즐거움, 재미 ◆ **年轻人** niánqīngrén 젊은이, 젊은 사람 ◆ **对于……来说** duìyú……láishuō ~에게 있어서 ◆ **不但** búdàn ~할 뿐만 아니라 ◆ **满足** mǎnzú 만족하다, 만족시키다 ◆ **好奇心** hàoqíxīn 호기심 ◆ **进步** jìnbù 진보(하다), 발전(하다)

1 喜欢网上冲浪

信息，而这些信息让年轻人的生活更加丰富和有趣，所以，
xìnxī, ér zhèxiē xìnxī ràng niánqīngrén de shēnghuó gèngjiā fēngfù hé yǒuqù, suǒyǐ,

年轻人喜欢网上冲浪。
niánqīngrén xǐhuan wǎngshàng chōnglàng.

☺ 확인하기

1. 젊은이들이 웹 서핑을 좋아하는 이유는 무엇인가요?

   ① 可以看电影　　　　　② 可以听音乐
   ③ 可以好好休息　　　　④ 可以满足好奇心

2. 인터넷 정보가 젊은이들의 삶에 가져온 변화 중 아닌 것은 무엇인가요?

   ① 更加有趣　　　　　　② 找到好工作
   ③ 让自己更进步　　　　④ 看到更多的新闻

更加 gèngjiā 더욱 더, 한층　◆　**丰富** fēngfù 풍부하다, 많다　◆　**有趣** yǒuqù 재미있다, 흥미 있다

어법 만나기

1 而 하지만, 그러나

접속사로, '但是(그러나)'와 비슷한 의미를 가지고 있으며 전환을 나타낸다.

- 他的汉语成绩很好，而英语成绩很差。
  Tā de Hànyǔ chéngjì hěn hǎo, ér Yīngyǔ chéngjì hěn chà.
  그의 중국어 성적은 매우 좋으나, 영어 성적은 매우 나쁘다.

- 我想他会来，而他一直没有来。
  Wǒ xiǎng tā huì lái, ér tā yìzhí méiyǒu lái.
  나는 그가 올 것이라고 생각했는데 그는 여태까지 오지 않았다.

2 已经A了 이미 A했다

'已经'은 부사로, 일이 발생한 시간이 이전이거나 또는 어느 정도에 이르렀음을 타나낸다. '了'와 함께 자주 쓰인다.

- 他今年已经七十岁了。 그는 올해 이미 칠십 세가 되었다.
  Tā jīnnián yǐjīng qīshí suì le.

- 昨天他们已经离开这里了。 어제 그들은 이미 여기를 떠났다.
  Zuótiān tāmen yǐjīng líkāi zhèlǐ le.

3 对于A来说 A에 있어서

형식상 '对于……来说'와 뒤 문장 사이에 쉼표를 찍어야 한다. 고정 짝꿍으로, 'A의 판단과 견해'를 나타내며 A의 관점으로 사물을 설명한다.

- 对于哥哥来说，运动是一件十分容易的事情。
  Duìyú gēge láishuō, yùndòng shì yí jiàn shífēn róngyì de shìqing.
  오빠에게 있어서 운동은 매우 쉬운 일이다.

- 对于妈妈来说，孩子永远是最重要的。
  Duìyú māma láishuō, háizi yǒngyuǎn shì zuì zhòngyào de.
  엄마에게 있어서 아이는 항상 가장 중요하다.

备受欢迎的高尔夫运动
Bèishòu huānyíng de gāo'ěrfū yùndòng

高尔夫运动是一种很受欢迎的户外运动。这种
Gāo'ěrfū yùndòng shì yì zhǒng hěn shòu huānyíng de hùwài yùndòng. Zhè zhǒng

运动是在舒适的自然环境中进行的，不但能放松人们
yùndòng shì zài shūshì de zìrán huánjìng zhōng jìnxíng de, búdàn néng fàngsōng rénmen

的心情，还能锻炼身体。
de xīnqíng, hái néng duànliàn shēntǐ.

 새단어

备受 bèishòu 실컷 받다, 한껏 받다 ◆ 高尔夫 gāo'ěrfū 골프 ◆ 运动 yùndòng 운동, 스포츠 ◆ 户外 hùwài 야외, 실외 ◆ 舒适 shūshì 기분이 좋다, 쾌적하다, 편하다 ◆ 自然环境 zìrán huánjìng 자연환경 ◆ 放松 fàngsōng 편안하게 하다 ◆ 心情 xīnqíng 심정, 마음, 기분 ◆ 锻炼 duànliàn (몸과 마음을) 단련하다 ◆ 身体 shēntǐ 몸, 신체

高尔夫运动的特点是，可以自己打，也可以和别人一起打。
Gāo'ěrfū yùndòng de tèdiǎn shì, kěyǐ zìjǐ dǎ, yě kěyǐ hé biérén yìqǐ dǎ.

当自己打的时候，可以让自己放松，还可以独自思考一些问题。
Dāng zìjǐ dǎ de shíhou, kěyǐ ràng zìjǐ fàngsōng, hái kěyǐ dúzì sīkǎo yìxiē wèntí.

当你和别人一起打时，就是一种竞争，一种交流。所以高尔夫
Dāng nǐ hé biérén yìqǐ dǎ shí, jiùshì yì zhǒng jìngzhēng, yì zhǒng jiāoliú. Suǒyǐ gāo'ěrfū

运动不但❶会减轻压力，还❶会认识新朋友，也❶会帮助人们
yùndòng búdàn huì jiǎnqīng yālì, hái huì rènshi xīn péngyou, yě huì bāngzhù rénmen

培养交际能力。
péiyǎng jiāojì nénglì.

高尔夫运动是在户外进行的，户外的阳光中有
Gāo'ěrfū yùndòng shì zài hùwài jìnxíng de, hùwài de yángguāng zhōng yǒu

维生素D，维生素D可以帮助身体更健康。最重要的是，
wéishēngsù D, wéishēngsù D kěyǐ bāngzhù shēntǐ gèng jiànkāng. Zuì zhòngyào de shì,

高尔夫运动对❷谈生意有帮助❷，高尔夫运动在自然环境
gāo'ěrfū yùndòng duì tán shēngyì yǒu bāngzhù, gāo'ěrfū yùndòng zài zìrán huánjìng

中进行，舒适的环境能够缓解谈生意时的紧张，也
zhōng jìnxíng, shūshì de huánjìng nénggòu huǎnjiě tán shēngyì shí de jǐnzhāng, yě

◆ 特点 tèdiǎn 특징, 특성 ◆ 当……的时候 dāng……de shíhou ~일 때, ~할 때 ◆ 别人 biérén 다른 사람, 타인 ◆ 独自 dúzì 단독으로, 혼자서, 홀로 ◆ 思考 sīkǎo 사고(하다), 사색(하다) ◆ 一些 yìxiē 약간, 조금, 얼마간(의) ◆ 竞争 jìngzhēng 경쟁(하다) ◆ 交流 jiāoliú 교류(하다) ◆ 减轻 jiǎnqīng 경감하다, 덜다, 가볍게 하다 ◆ 压力 yālì 스트레스, 압력 ◆ 培养 péiyǎng 키우다, 기르다, 양성하다 ◆ 交际 jiāojì 사교, 교제(하다) ◆ 能力 nénglì 능력, 역량 ◆ 阳光 yángguāng 태양의 광선, 햇빛 ◆ 维生素D wéishēngsù D 비타민D ◆ 健康 jiànkāng 건강(하다) ◆ 对……有帮助 duì……yǒu bāngzhù ~에 도움이 되다 ◆ 谈生意 tán shēngyì 비즈니스를 하다 ◆ 环境 huánjìng 환경, 주위 상황[조건] ◆ 能够 nénggòu ~할 수 있다 ◆ 缓解 huǎnjiě 완화되다, 풀어지다, 완화시키다 ◆ 紧张 jǐnzhāng 긴장, 불안

能够更了解对方，更容易谈成生意。所以，高尔夫运动
nénggòu gèng liǎojiě duìfāng, gèng róngyì tánchéng shēngyì. Suǒyǐ, gāo'ěrfū yùndòng

越来越❸受欢迎。
yuèláiyuè shòu huānyíng.

😊 확인하기

1. 혼자서 골프 칠 때 무엇을 할 수 있나요?
   - ❶ 独自思考问题
   - ❷ 打电话给朋友
   - ❸ 休息时能看书
   - ❹ 能上网看信息

2. 골프는 왜 점점 사랑받고 있나요?
   - ❶ 很容易学会
   - ❷ 在户外进行
   - ❸ 更容易谈成生意
   - ❹ 可以和朋友一起打

越来越 yuèláiyuè 더욱더, 점점, 갈수록 • **打电话** dǎ diànhuà 전화를 걸다 • **学会** xuéhuì 습득하다, 배워서 알다

어법 만나기

❶ 不但A，还B，也C A뿐만 아니라 B하고 C하다

A, B, C 세 가지 상황은 모두 점층 관계로, 낮은 정도에서 높은 정도로 점점 정도가 깊어진다.

- 这两天天气很不好，不但冷，还刮风，雨也多。
  Zhè liǎngtiān tiānqì hěn bù hǎo, búdàn lěng, hái guāfēng, yǔ yě duō.
  요 며칠은 날씨가 너무 안 좋은데, 추울 뿐만 아니라 바람도 불고 비도 많이 온다.

- 他不但会说汉语，还会说英语，也会说日语。
  Tā búdàn huì shuō Hànyǔ, hái huì shuō Yīngyǔ, yě huì shuō Rìyǔ.
  그는 중국어뿐만 아니라 영어도 할 수 있고 일어도 할 수 있다.

❷ 对A有帮助 A에 도움이 된다

고정 짝꿍으로, '有帮助(도움이 된다)' 앞에는 정도부사 '很'과 '非常'을 붙일 수 있다.

- 你的话对我很有帮助。
  Nǐ de huà duì wǒ hěn yǒu bāngzhù.
  너의 말은 나에게 너무 도움이 된다.

- 妈妈的关心对孩子的成长非常有帮助。
  Māma de guānxīn duì háizi de chéngzhǎng fēicháng yǒu bāngzhù.
  엄마의 관심은 아이의 성장에 매우 도움이 된다.

❸ 越来越A 점점 A하다

A의 변화가 시간과 연관성이 있다는 것을 강조할 때 쓰이며, '越来越(점점)'는 하나의 주어만 가질 수 있다. A는 형용사 또는 심리동사일 수 있는데 A의 앞에는 정도부사를 사용할 수 없다.

- 天气越来越冷。 날씨가 점점 추워지고 있다.
  Tiānqì yuèláiyuè lěng.

- 我越来越喜欢高尔夫运动。 나는 점점 골프가 좋아진다.
  Wǒ yuèláiyuè xǐhuan gāo'ěrfū yùndòng.

문제 만나기

1 보기 중 적절한 단어를 골라 빈칸을 채우세요.

> **보기** | 称为　　放松　　减轻　　满足　　丰富　　竞争

① 通过网络看电影等行为被_____网上冲浪。

② 新知识能_____年轻人的好奇心。

③ 网络信息让年轻人的生活变得更_____。

④ 高尔夫运动可以让心情_____。

⑤ 和别人一起打高尔夫球时，就是一种_____。

⑥ 高尔夫运动不但会_____压力，还会认识新朋友。

2 밑줄 친 부분과 비슷한 뜻을 가진 단어를 고르세요.

① 许多人喜欢在休息的时候进行网上冲浪，也喜欢网上冲浪带来的各种**乐趣**。

 A 好奇　　　B 有趣　　　C 幸福　　　D 欢乐

② 网络的新知识可以让年轻人更**进步**。

 A 辛苦　　　B 优秀　　　C 快乐　　　D 高兴

③ 高尔夫运动是一种很受欢迎的**户外**运动。

 A 郊区　　　B 农村　　　C 室外　　　D 市内

④ 当自己打高尔夫球时，可以让自己**放松**，还可以独自思考一些问题。

 A 紧张　　　B 愉快　　　C 轻松　　　D 疲劳

3. 본문 내용에 따라 빈칸을 채우세요.

① 很多人在网络上看电影、听音乐、了解新知识的行为＿＿＿＿＿＿＿＿什么目的。

② 网络信息让年轻人的生活更加丰富和有趣，所以，年轻人喜欢＿＿＿＿＿＿＿＿＿＿。

③ 阳光中的＿＿＿＿＿＿＿＿＿可以帮助身体更健康。

④ 在舒适的环境中打高尔夫球，更容易了解对方，也更容易＿＿＿＿＿＿＿＿＿＿。

4. '不但……，还……'를 사용하여 두 문장을 한 문장으로 만드세요.

① A) 牛奶好喝，B) 牛奶有营养。

→ ＿＿＿＿＿＿＿＿＿＿＿＿＿＿＿＿＿＿＿＿＿＿＿

② A) 四川省风景优美，B) 人口很多。

→ ＿＿＿＿＿＿＿＿＿＿＿＿＿＿＿＿＿＿＿＿＿＿＿

5. '当……的时候'를 사용하여 밑줄 친 부분을 바꿔 보세요.

① <u>老师讲课，这个时候</u>，我们都认真听课。

→ ＿＿＿＿＿＿＿＿＿＿＿＿＿＿＿＿＿＿＿＿＿＿＿

② <u>我第一次去中国时</u>，我觉得汉语很有意思。

→ ＿＿＿＿＿＿＿＿＿＿＿＿＿＿＿＿＿＿＿＿＿＿＿

내 글씨로 독해 즐기기

■ 본문 속 문장들을 필사해 보세요.

[본문 1]

　　　互联网发展得非常快，上网冲浪已经流行了一段时间。

[본문 2]

　　　高尔夫运动的特点是，可以自己打，也可以和别人一起打。

4과

娱乐
오락

본문 1 睡前看手机好吗?
자기 전에 핸드폰을 보면 좋을까요?

본문 2 周末一个人怎么过?
주말에 혼자 어떻게 보내나요?

睡前看手机好吗?
Shuì qián kàn shǒujī hǎo ma?

睡前你会看手机吗?相信很多人的回答是会的!白天
Shuì qián nǐ huì kàn shǒujī ma? Xiāngxìn hěn duō rén de huídá shì huì de! Báitiān

工作忙,下班以后,就可以放松一下❶,特别是在睡觉以前,
gōngzuò máng, xiàbān yǐhòu, jiù kěyǐ fàngsōng yíxià, tèbié shì zài shuìjiào yǐqián,

很多人通过手机,玩游戏、刷视频、听音乐来缓解一天的
hěn duō rén tōngguò shǒujī, wán yóuxì, shuā shìpín, tīng yīnyuè lái huǎnjiě yìtiān de

🌸 새단어

睡前 shuì qián 잠들기 전에, 자기 전에 ◆ 手机 shǒujī 핸드폰, 휴대폰 ◆ 白天 báitiān 낮, 대낮 ◆ 以后 yǐhòu 이후, 나중에, 앞으로 ◆ 特别 tèbié 특히, 유달리 ◆ 玩游戏 wán yóuxì 게임하다 ◆ 刷视频 shuā shìpín 숏폼 동영상 몰아보기 ◆ 一天 yì tiān 하루, 1일

疲劳。
píláo.

最近，一项研究发现，睡前看手机会带来很多问题。睡前
Zuìjìn, yí xiàng yánjiū fāxiàn, shuì qián kàn shǒujī huì dàilái hěn duō wèntí. Shuì qián

看手机，不能时间太长，否则❷，眼睛会很疲劳，心情也会受到
kàn shǒujī, bù néng shíjiān tài cháng, fǒuzé, yǎnjing huì hěn píláo, xīnqíng yě huì shòudào

影响，更会影响人的正常睡眠。
yǐngxiǎng, gèng huì yǐngxiǎng rén de zhèngcháng shuìmián.

因此，对于喜欢睡前看手机的人来说，要选择看一些让
Yīncǐ, duìyú xǐhuan shuì qián kàn shǒujī de rén láishuō, yào xuǎnzé kàn yìxiē ràng

人愉快的内容，这样的内容会让人的心情放松，也容易
rén yúkuài de nèiróng, zhèyàng de nèiróng huì ràng rén de xīnqíng fàngsōng, yě róngyì

让人入睡。晚上看手机时，一定要开灯看，这样就不会对❸
ràng rén rùshuì. Wǎnshang kàn shǒujī shí, yídìng yào kāidēng kàn, zhèyàng jiù bú huì duì

眼睛造成❸不好的影响。
yǎnjing zàochéng bù hǎo de yǐngxiǎng.

疲劳 píláo 피로(해지다), 지치다 ◆ 最近 zuìjìn 최근, 요즘 ◆ 一项 yí xiàng 한 항목 ◆ 研究 yánjiū 연구(하다) ◆ 否则 fǒuzé 만약 그렇지 않으면 ◆ 眼睛 yǎnjing 눈 ◆ 受到 shòudào ~을 받다 ◆ 影响 yǐngxiǎng 영향(을 주다) ◆ 正常 zhèngcháng 정상(적)이다 ◆ 睡眠 shuìmián 수면(하다), 잠(자다) ◆ 选择 xuǎnzé 선택(하다) ◆ 内容 nèiróng 내용 ◆ 入睡 rùshuì 잠들다 ◆ 晚上 wǎnshang 저녁, 밤 ◆ 开灯 kāidēng 불을 켜다, 전등을 켜다 ◆ 造成 zàochéng 발생시키다, 야기하다, 초래하다

所以，睡前看手机是没问题的，但一定要养成良好
Suǒyǐ, shuì qián kàn shǒujī shì méi wèntí de, dàn yídìng yào yǎngchéng liánghǎo

的看手机的习惯。
de kàn shǒujī de xíguàn.

😊 확인하기

1. 사람들은 왜 자기 전에 핸드폰 보는 것을 좋아하나요?

   ❶ 更容易入睡　　　　　　　❷ 能缓解疲劳

   ❸ 要跟朋友聊天　　　　　　❹ 想看喜欢的电影

2. 밤에 핸드폰을 볼 때 반드시 주의해야 할 점은 무엇인가요?

   ❶ 声音要小　　　　　　　　❷ 要开灯看

   ❸ 时间不要短　　　　　　　❹ 白天不要看

没问题 méi wèntí 문제없다 ◆ **养成** yǎngchéng 양성하다, 기르다 ◆ **良好** liánghǎo 양호하다, 좋다 ◆ **习惯** xíguàn 습관, 버릇, 습성 ◆ **声音** shēngyīn 소리, 목소리 ◆ **短** duǎn 짧다

어법 만나기

❶ 동사+一下 좀 ~해 보다

'一下'는 동사 뒤에 쓰여 경과된 시간이 짧음을 나타낸다.

- 下课了，我们休息一下吧。 수업이 끝났으니 우리 좀 쉬자.
  Xiàkè le, wǒmen xiūxi yíxià ba.

- 这个问题我们一起讨论一下。 이 문제는 우리 함께 논의해 보자.
  Zhège wèntí wǒmen yìqǐ tǎolùn yíxià.

❷ 否则 그렇지 않으면, 안 그러면

접속사로, 만약 그렇게 하지 않으면 안 좋은 결과가 생길 것임을 강조한다.

- 天气特别冷，出去的时候要多穿衣服，否则容易感冒。
  Tiānqì tèbié lěng, chūqù de shíhou yào duō chuān yīfu, fǒuzé róngyì gǎnmào.
  날씨가 매우 추우니 나갈 때 옷을 많이 입어야 한다. 안 그러면 감기에 걸리기 쉽다.

- 出门前要告诉妈妈，否则她会担心的。
  Chūmén qián yào gàosu māma, fǒuzé tā huì dānxīn de.
  외출하기 전에 엄마에게 말해야 한다. 안 그러면 그녀가 걱정할 것이다.

❸ 对A造成B A에 B를 야기하다/가져오다

고정 짝꿍으로, 어떤 원인으로 인해 어떤 사람이나 어떤 사물에게 좋지 않거나 만족스럽지 못한 결과 또는 영향을 주는 것을 말한다. '造成' 뒤에 자주 오는 명사는 '影响'이다.

- 工作不认真，容易对自己造成不好的影响。
  Gōngzuò bú rènzhēn, róngyì duì zìjǐ zàochéng bù hǎo de yǐngxiǎng.
  일을 열심히 하지 않으면 자신에게 나쁜 영향을 주기 쉽다.

- 长时间看手机，对眼睛会造成不好的影响。
  Cháng shíjiān kàn shǒujī, duì yǎnjing huì zàochéng bù hǎo de yǐngxiǎng.
  장시간 핸드폰을 보면 눈에 나쁜 영향을 끼친다.

周末一个人怎么过？
Zhōumò yí ge rén zěnme guò?

2025年，当我搬到❶一个新的城市，并❷开始独自生活
Èr líng èr wǔ nián, dāng wǒ bāndào yí ge xīn de chéngshì, bìng kāishǐ dúzì shēnghuó

时，我的生活就变得很简单，也可以说更安静。平时去公司
shí, wǒ de shēnghuó jiù biàn de hěn jiǎndān, yě kěyǐ shuō gèng ānjìng. Píngshí qù gōngsī

上班，有公司的职员陪伴，我没有感到孤独。但到了周末，
shàngbān, yǒu gōngsī de zhíyuán péibàn, wǒ méiyǒu gǎndào gūdú. Dàn dào le zhōumò,

새단어

周末 zhōumò 주말 ● 过 guò 지내다, 보내다 ● 搬 bān 이사하다, 옮겨가다 ● 城市 chéngshì 도시 ● 开始 kāishǐ 시작하다 ● 变得 biàn de ~로 되다, ~해지다 ● 简单 jiǎndān 간단하다, 단순하다 ● 安静 ānjìng 조용하다, 편안하다 ● 平时 píngshí 보통 때, 평소, 평상시 ● 公司 gōngsī 회사 ● 上班 shàngbān 출근하다, 근무하다 ● 职员 zhíyuán 직원, 사무원 ● 陪伴 péibàn 동반하다, 함께 있다 ● 孤独 gūdú 고독하다

只有我一个人在家时，有时候，我会感到寂寞。为了③适应这样的生活，我开始计划周末的时候，一个人怎么过。

我计划星期五下班以后，可以先跟朋友一起吃饭聊天，再一起去看电影。

星期六早上起来后，先给自己准备一顿美味的早餐。吃完饭后，再打扫卫生、整理房间。下午，可以去图书馆、博物馆，在图书馆可以看书、学习，在博物馆可以参观文物、了解历史。晚上可以在家打游戏、看书、学习新知识。

星期天，如果天气好的话，就骑车去自己想去的风景区，

◆ 只有 zhǐyǒu 오직, 오로지 ◆ 寂寞 jìmò 적막하다, 적적하다, 쓸쓸하다 ◆ 为了 wèile ~를 위하여 ◆ 适应 shìyìng 적응(하다) ◆ 星期五 xīngqīwǔ 금요일 ◆ 星期六 xīngqīliù 토요일 ◆ 早上 zǎoshang 아침 ◆ 准备 zhǔnbèi 준비하다 ◆ 顿 dùn 끼, 끼니[식사를 셀 때 쓰는 양사] ◆ 美味 měiwèi 맛있는 음식, 맛이 좋다 ◆ 早餐 zǎocān 아침 식사 ◆ 打扫 dǎsǎo 청소하다 ◆ 卫生 wèishēng 위생(적이다), 깨끗하다 ◆ 整理 zhěnglǐ 정리(하다), 정돈(하다) ◆ 下午 xiàwǔ 오후 ◆ 图书馆 túshūguǎn 도서관 ◆ 博物馆 bówùguǎn 박물관 ◆ 参观 cānguān 참관(하다), 견학(하다) ◆ 文物 wénwù 문물, 문화재 ◆ 历史 lìshǐ 역사 ◆ 打游戏 dǎ yóuxì 게임하다 ◆ 星期天 xīngqītiān 일요일 ◆ 天气 tiānqì 일기, 날씨 ◆ 骑车 qíchē 자전거를 타다 ◆ 风景区 fēngjǐngqū 관광지구, 명승지구

不但能欣赏美丽的风景，还能锻炼身体。回家的时候，可以
búdàn néng xīnshǎng měilì de fēngjǐng, hái néng duànliàn shēntǐ. Huíjiā de shíhou, kěyǐ

去自己喜欢的饭店，点一些自己想吃的饭菜。我觉得我的周末
qù zìjǐ xǐhuan de fàndiàn, diǎn yìxiē zìjǐ xiǎng chī de fàncài. Wǒ juéde wǒ de zhōumò

这样过，真的很不错！各位朋友，你们觉得呢？
zhèyàng guò, zhēnde hěn búcuò! Gèwèi péngyou, nǐmen juéde ne?

😊 **확인하기**

1. 새로운 도시로 이사하면서 나의 생활에는 어떤 변화가 생겼나요?

   ❶ 有趣丰富　　　　　　❷ 非常忙碌

   ❸ 简单安静　　　　　　❹ 没有时间休息

2. 나는 무엇을 계획하기 시작했나요?

   ❶ 周末　　　❷ 工作　　　❸ 学习　　　❹ 旅游

欣赏 xīnshǎng 감상하다 ◆ **美丽** měilì 아름답다 ◆ **饭店** fàndiàn 레스토랑, 식당, 호텔 ◆ **饭菜** fàncài 식사, 밥과 찬 ◆ **不错** búcuò 괜찮다, 좋다 ◆ **各位** gèwèi 여러분 ◆ **忙碌** mánglù 바쁘다, 분주하다 ◆ **旅游** lǚyóu 여행(하다), 관광(하다)

어법 만나기

❶ 동사+到 ~로, ~까지

결과보어인 '到'는 동작이 완료됐거나 또는 목표를 달성했음을 나타낸다. 또한 앞의 동작을 통해 동작과 관련된 사람이나 사물을 다른 곳으로 이동하는 것을 나타낸다.

- 我可以把这张桌子抬到教室里面。
  Wǒ kěyǐ bǎ zhè zhāng zhuōzi táidào jiàoshì lǐmiàn.
  나는 이 책상을 교실로 들고 갈 수 있다.

- 从我家走到公司需要十五分钟。
  Cóng wǒ jiā zǒudào gōngsī xūyào shíwǔ fēnzhōng.
  우리집에서 회사까지 걸어가는 데 15분 걸린다.

❷ 并 그리고, 또

한층 더 전진한다는 것을 나타내는 접속사로, '并且(그리고)'와 의미가 비슷하다.

- 我参加了会议，并在会上做了重要发言。
  Wǒ cānjiā le huìyì, bìng zài huìshang zuò le zhòngyào fāyán.
  나는 회의에 참석했고 또 회의에서 중요한 연설을 했다.

- 我很快就学会了骑自行车，并骑得很好。
  Wǒ hěn kuài jiù xuéhuì le qí zìxíngchē, bìng qí de hěn hǎo.
  나는 아주 빠르게 자전거를 배웠고 또 잘 타게 되었다.

❸ 为了 ~를 위하여

'为了'는 개사로, 목적을 나타낸다. 중국어에서 원인을 나타낼 때는 대체로 '因为'를 쓰지 '为了'를 쓰지 않는 점에 주의해야 한다.

- 为了完成我们的目标，我们必须努力工作。
  Wèile wánchéng wǒmen de mùbiāo, wǒmen bìxū nǔlì gōngzuò.
  목표를 달성하기 위해 우리는 반드시 열심히 일해야 한다.

- 为了让妈妈休息一下，小明帮妈妈做了很多工作。
  Wèile ràng māma xiūxi yíxià, Xiǎomíng bāng māma zuò le hěn duō gōngzuò.
  엄마를 쉬게 하기 위해 샤오밍은 엄마를 도와 많은 일을 했다.

문제 만나기

1 보기 중 적절한 단어를 골라 빈칸을 채우세요.

> 보기 | 独自　否则　孤独　适应　缓解　造成

① 通过手机听音乐可以_____一天的疲劳。

② 不开灯看手机会对眼睛_____不好的影响。

③ 睡前看手机，不能时间太长，_____，眼睛会很疲劳。

④ 我搬到一个新的城市，并开始_____生活。

⑤ 平时有公司的职员陪伴我，我没有感到_____。

⑥ 为了_____新城市的生活，我开始计划周末怎么过。

2 밑줄 친 부분과 비슷한 뜻을 가진 단어를 고르세요.

① 睡前你会看手机吗？相信很多人的**回答**是会的。
　A 提问　　B 问题　　C 答案　　D 想法

② 很多人通过手机，玩游戏、**刷**视频、听音乐，来缓解一天的疲劳。
　A 买　　　B 看　　　C 做　　　D 找

③ 星期六早上起来后，给自己做了一顿**美味**的早餐。
　A 好看　　B 好吃　　C 丰富　　D 健康

④ 我觉得周末骑车锻炼身体真的很**不错**！
　A 正确　　B 真诚　　C 好　　　D 差

3 본문 내용에 따라 빈칸을 채우세요.

① 白天工作忙，下班以后，晚上看手机就可以_____。

② 我们晚上看手机时，一定要_____。

③ 周末，一个人在家时，有时候，我会_____。

④ 星期六吃完早饭后，我就会打扫卫生、_____。

4 '否则'를 사용하여 두 문장을 한 문장으로 바꿔 보세요.

① A) 一定要相信自己，B) 如果不相信自己，不容易完成目标。

→ _____

② A) 睡前看手机，B) 如果时间太长，眼睛会很疲劳。

→ _____

5 '先……，再……'를 사용하여 두 문장을 한 문장으로 바꿔보세요.

① A) 我计划今年去留学，B) 明年找工作。

→ _____

② A) 要想成功，第一要努力，B) 第二要坚持。

→ _____

내 글씨로 독해 즐기기

■ 본문 속 문장들을 필사해 보세요.

[본문 1]

		晚	上	看	手	机	时，
一	定	要	开	灯	看。	这	
样	就	不	会	对	眼	睛	造
成	不	好	的	影	响。		

[본문 2]

		到	了	周	末，	只	
有	我	一	个	人	在	家	时，
有	时	候，	我	会	感	到	
寂	寞。						

5과 生活
생활

본문 1 喝奶茶的年轻人
밀크티 마시는 젊은이들

본문 2 流行简化生活
미니멀리즘의 유행

喝奶茶的年轻人
Hē nǎichá de niánqīngrén

走在中国的大街上，你会发现很多年轻人，他们可以
Zǒuzài Zhōngguó de dàjiē shàng, nǐ huì fāxiàn hěn duō niánqīngrén, tāmen kěyǐ

不买新衣服，但不能不❶买奶茶；看电影可以不吃零食，但
bù mǎi xīn yīfu, dàn bù néng bù mǎi nǎichá; kàn diànyǐng kěyǐ bù chī língshí, dàn

不能不喝奶茶；减肥时期可以不吃火锅，但不能不喝
bù néng bù hē nǎichá; jiǎnféi shíqī kěyǐ bù chī huǒguō, dàn bù néng bù hē

새단어

奶茶 nǎichá 밀크티 ◆ 走 zǒu 걷다, 움직이다 ◆ 中国 Zhōngguó 중국 ◆ 大街 dàjiē 큰길, 번화가, 대로 ◆ 衣服 yīfu 옷, 의복 ◆ 减肥 jiǎnféi 다이어트하다, 살을 빼다 ◆ 时期 shíqī 시기, 특정한 때 ◆ 火锅 huǒguō 중국식 샤브샤브, 훠궈

奶茶。
nǎichá.

为什么年轻人这么 沉迷于❷ 奶茶？原因是，奶茶的口味
Wèi shénme niánqīngrén zhème chénmí yú nǎichá? Yuányīn shì, nǎichá de kǒuwèi

太丰富了，并且每一种味道都能让年轻人接受和喜爱。
tài fēngfù le, bìngqiě měi yì zhǒng wèidào dōu néng ràng niánqīngrén jiēshòu hé xǐ'ài.

此外，装奶茶的杯子，设计得非常漂亮时尚，可以用来
Cǐwài, zhuāng nǎichá de bēizi, shèjì de fēicháng piàoliang shíshàng, kěyǐ yònglái

拍照，与朋友分享。最后，奶茶还能补充热量，在忙碌的
pāizhào, yǔ péngyou fēnxiǎng. Zuìhòu, nǎichá hái néng bǔchōng rèliàng, zài mánglù de

学习工作后，一杯美味的奶茶能迅速补充体力，让人精神
xuéxí gōngzuò hòu, yì bēi měiwèi de nǎichá néng xùnsù bǔchōng tǐlì, ràng rén jīngshén

愉快。
yúkuài.

总之❸，奶茶已经成为年轻人生活中重要的
Zǒngzhī, nǎichá yǐjīng chéngwéi niánqīngrén shēnghuó zhōng zhòngyào de

---

◆ 沉迷于…… chénmí yú…… ~에 중독되다, ~에 빠지다 ◆ 原因 yuányīn 원인 ◆ 口味 kǒuwèi 맛 ◆ 太……了 tài……le 매우 ~하다, 너무 ~하다 ◆ 并且 bìngqiě 또한, 그리고, ~뿐만 아니라 ◆ 味道 wèidào 맛 ◆ 接受 jiēshòu 받아들이다 ◆ 喜爱 xǐ'ài 좋아하다, 사랑하다 ◆ 此外 cǐwài 이 밖에, 이 이외 ◆ 装 zhuāng (물품을) 담다, 채워 넣다 ◆ 杯子 bēizi 컵, 잔 ◆ 设计 shèjì 설계(하다), 디자인(하다) ◆ 时尚 shíshàng 세련되다, 트렌디하다 ◆ 用来 yònglái (~에) 쓰이다, (~에) 사용하다 ◆ 拍照 pāizhào 사진을 찍다, 촬영하다 ◆ 与……分享 yǔ……fēnxiǎng ~와(과) 공유하다, ~와(과) 나누다 ◆ 补充 bǔchōng 보충하다 ◆ 热量 rèliàng 열량, 칼로리 ◆ 迅速 xùnsù 신속하다, 재빠르다 ◆ 体力 tǐlì 체력, 힘 ◆ 精神 jīngshén 활력, 기력, 정신 ◆ 总之 zǒngzhī 아무튼, 어쨌든, 결국

一部分。但要注意的是，喝奶茶一定要适量，喝得太多的话，
yíbùfen.　　Dàn yào zhùyì de shì, hē nǎichá yídìng yào shìliàng, hē de tài duō de huà,

会影响健康的！
huì yǐngxiǎng jiànkāng de!

😊 확인하기

1. 젊은이들이 밀크티를 즐겨 마시는 원인은 무엇인가요?
   - ❶ 口味美味
   - ❷ 口味丰富
   - ❸ 价格便宜
   - ❹ 非常流行

2. 밀크티를 마실 때 주의할 점은 무엇인가요?
   - ❶ 要适量
   - ❷ 要按时喝
   - ❸ 疲劳时喝
   - ❹ 好心情时喝

一部分 yíbùfen 일부분, 일부 ◆ **注意** zhùyì 주의(하다), 조심(하다) ◆ **适量** shìliàng 적당량, 적정량 ◆ **的话** de huà ～하다면, ～이면 ◆ **价格** jiàgé 가격 ◆ **便宜** piányi (값이) 싸다, 저렴하다 ◆ **按时** ànshí 제때에, 제시간에

어법 만나기

❶ 不能不 ~하지 않을 수 없다

'부정형+부정형'의 형식은 이중부정으로 긍정을 강조하는 역할을 한다. '一定要(반드시 ~해야 한다)'와 의미가 비슷하다.

- 因为有重要的工作，所以我不能不去公司。
  Yīnwèi yǒu zhòngyào de gōngzuò, suǒyǐ wǒ bù néng bú qù gōngsī.
  중요한 일이 있어서 회사에 안 갈 수가 없다.

- 人不能不工作，因为工作可以给人带来乐趣。
  Rén bù néng bù gōngzuò, yīnwèi gōngzuò kěyǐ gěi rén dàilái lèqù.
  사람은 일을 안 할 수가 없다. 일은 사람에게 즐거움을 줄 수 있기 때문이다.

❷ 沉迷于A A에 빠져 있다

어떤 사물에 완전히 빠져 있거나 어떤 사물에 매우 미련을 갖고 있음을 나타낸다.

- 弟弟沉迷于网络。 남동생은 인터넷에 빠져 있다.
  Dìdi chénmí yú wǎngluò.

- 我现在沉迷于高尔夫运动。 나는 지금 골프에 빠져 있다.
  Wǒ xiànzài chénmí yú gāo'ěrfū yùndòng.

❸ 总之 아무튼, 어쨌든, 결론적으로

접속사로, 앞의 문장을 총정리하고 앞에서 서술한 내용에 대한 결론을 내릴 때 쓰인다.

- 我喜欢登山、打篮球和高尔夫球，总之，我喜欢运动。
  Wǒ xǐhuan dēngshān, dǎ lánqiú hé gāo'ěrfū qiú, zǒngzhī, wǒ xǐhuan yùndòng.
  나는 등산, 농구, 골프를 좋아한다. 아무튼 나는 운동을 좋아한다.

- 今天我觉得身体不好，一直想睡觉，总之，就是觉得很不舒服。
  Jīntiān wǒ juéde shēntǐ bù hǎo, yìzhí xiǎng shuìjiào, zǒngzhī, jiùshì juéde hěn bù shūfu.
  나는 오늘 몸이 안 좋은 것 같고 계속 자고 싶다. 아무튼 그냥 너무 불편한 것 같다.

流行简化生活
Liúxíng jiǎnhuà shēnghuó

近来，在设计领域中流行一种理念，就是简化。这种理念
Jìnlái, zài shèjì lǐngyù zhōng liúxíng yì zhǒng lǐniàn, jiùshì jiǎnhuà. Zhè zhǒng lǐniàn

追求的是，设计风格要简单，色彩要最少。现在，这种理念从❶
zhuīqiú de shì, shèjì fēnggé yào jiǎndān, sècǎi yào zuìshǎo. Xiànzài, zhè zhǒng lǐniàn cóng

设计领域慢慢地移到❶了生活领域，很多人开始简化自己的
shèjì lǐngyù mànmàn de yídào le shēnghuó lǐngyù, hěn duō rén kāishǐ jiǎnhuà zìjǐ de

🌸 새단어

简化 jiǎnhuà 간략화하다, 간소화하다 • **近来** jìnlái 근래, 요즘 • **领域** lǐngyù 영역, 분야 • **理念** lǐniàn 이념 • **追求** zhuīqiú 추구하다, 탐구하다 • **风格** fēnggé 풍격, 스타일 • **色彩** sècǎi 색채, 색깔 • **最少** zuìshǎo 가장 적다, 최소이다 • **从……到** cóng……dào ~부터 ~까지, ~에서 ~까지 • **慢慢** mànmàn 천천히, 차츰 • **移** yí 이동하다, 움직이다, 옮기다

生活方式。
shēnghuó fāngshì.

以前，人们的生活理念是，物质要丰富，要吃得好，用得
Yǐqián, rénmen de shēnghuó lǐniàn shì, wùzhì yào fēngfù, yào chī de hǎo, yòng de

好；朋友要❷多，生活才❷能快乐；工作要好，挣钱要多，
hǎo; péngyou yào duō, shēnghuó cáinéng kuàilè; gōngzuò yào hǎo, zhèngqián yào duō,

但是这样的生活会让人感到疲劳，压力很大。所以现在很
dànshì zhèyàng de shēnghuó huì ràng rén gǎndào píláo, yālì hěn dà. Suǒyǐ xiànzài hěn

多人更喜欢简化自己的生活，在物质方面，他们不买喜欢
duō rén gèng xǐhuan jiǎnhuà zìjǐ de shēnghuó, zài wùzhì fāngmiàn, tāmen bù mǎi xǐhuan

的物品，只买必要的物品；在交友方面，他们认为朋友不多
de wùpǐn, zhǐ mǎi bìyào de wùpǐn; zài jiāoyǒu fāngmiàn, tāmen rènwéi péngyou bù duō

没关系，但一定要有一个真正的朋友；在工作方面，
méi guānxi, dàn yídìng yào yǒu yí ge zhēnzhèng de péngyou; zài gōngzuò fāngmiàn,

工资高不高并不重要，重要的是，要开心！
gōngzī gāo bu gāo bìng bú zhòngyào, zhòngyào de shì, yào kāixīn!

台湾作家三毛说过："幸福的人，都懂得简化生活！"
Táiwān zuòjiā Sānmáo shuōguo: "Xìngfú de rén, dōu dǒng de jiǎnhuà shēnghuó!"

生活方式 shēnghuó fāngshì 생활 방식, 생활 패턴 ◆ **物质** wùzhì 물질 ◆ **挣钱** zhèngqián 돈을 벌다 ◆ **方面** fāngmiàn 방면, 분야, 영역 ◆ **物品** wùpǐn 물품, 물건 ◆ **必要** bìyào 필요(로 하다) ◆ **没关系** méi guānxi 괜찮다, 문제없다 ◆ **工资** gōngzī 임금, 급여, 월급 ◆ **台湾** Táiwān 대만, 타이완 ◆ **作家** zuòjiā 작가 ◆ **三毛** Sānmáo 싼마오, 삼모 ◆ **懂得** dǒng de (뜻, 방법 따위를) 알다, 이해하다

只有❸简单地生活，我们**才**❸能有更多的时间思考和计划自己的
Zhǐyǒu jiǎndān de shēnghuó, wǒmen cáinéng yǒu gèng duō de shíjiān sīkǎo hé jìhuà zìjǐ de

未来，才能生活得更加轻松快乐。
wèilái, cáinéng shēnghuó de gèngjiā qīngsōng kuàilè.

😊 확인하기

1. '미니멀리즘'이란 이념은 사람들에게 어떤 변화를 가져다주었나요?

   ❶ 生活方式得到简化　　　　❷ 不想工作只想休息

   ❸ 不喜欢在大城市生活　　　❹ 喜欢穿色彩少的衣服

2. '미니멀리즘' 이념을 가진 사람은 일에 대해 어떻게 생각하나요?

   ❶ 工资要高　　　　　　　　❷ 时间要短

   ❸ 工作要开心　　　　　　　❹ 工作要认真

得到 dédào 얻다, 획득하다　•　**大城市** dàchéngshì 대도시　•　**穿** chuān (옷을) 입다

어법 만나기

❶ 从+A+동사+到+B A부터 B까지 ~하다

'到' 앞의 동사를 통해 A를 B의 범위까지 옮기는 것을 나타낸다.

- 在他的论文中，他从传统文化写到现代文明。
  Zài tā de lùnwén zhōng, tā cóng chuántǒng wénhuà xiědào xiàndài wénmíng.
  그의 논문에서 그는 전통문화에서 현대문명까지 써내려 갔다.

- 他每天都是从早上工作到晚上，真的很辛苦。
  Tā měitiān dōu shì cóng zǎoshang gōngzuò dào wǎnshang, zhēnde hěn xīnkǔ.
  그는 매일 아침부터 저녁까지 일해서 정말 힘들다.

❷ 要(必须)A才B (반드시) A해야만 비로소 B하다

여기서 '要'는 '必须'와 같은 의미로, 어떤 조건이나 어떤 원인일 때만 어떻게 된다는 것을 나타낸다.

- 一个人的知识要通过学习才可以得到。
  Yí ge rén de zhīshi yào tōngguò xuéxí cái kěyǐ dédào.
  한 사람의 지식은 학습을 통해서만 얻을 수 있다.

- 我们要在这个车站换车才能到上海。
  Wǒmen yào zài zhège chēzhàn huànchē cáinéng dào Shànghǎi.
  우리는 이 역에서 차를 갈아타야만 상하이에 갈 수 있다.

❸ 只有A, 才B 오직 A해야만 비로소 B하다

조건 관계를 나타내는 접속사로, 필수 조건에 속한다. 다시 말해서 '才' 뒤의 B 결과를 실현하기 위해서 반드시 '只有' 뒤의 A 조건을 충족해야 하며 이 조건은 종종 유일한 조건이다.

- 只有爬到山顶，才会发现风景真的很美。
  Zhǐyǒu pádào shāndǐng, cái huì fāxiàn fēngjǐng zhēnde hěn měi.
  산꼭대기에 올라가야만 풍경이 정말 아름답다는 것을 알 수 있다.

- 只有坚持锻炼，才会有健康的身体。
  Zhǐyǒu jiānchí duànliàn, cái huì yǒu jiànkāng de shēntǐ.
  꾸준히 운동을 해야만 비로소 건강한 몸을 가질 수 있다.

문제 만나기

1 보기 중 적절한 단어를 골라 빈칸을 채우세요.

> 보기 | 分享　　必要　　追求　　接受　　流行　　适量

① 每一种奶茶的味道都能让中国的年轻人_____和喜爱。

② 装奶茶的杯子非常时尚，可以与朋友_____。

③ 喝奶茶不能喝太多了，一定要_____。

④ 近来，在设计领域中_____"简化"理念。

⑤ "简化"生活理念只买_____的物品。

⑥ "简化"理念_____简单的设计风格。

2 밑줄 친 부분과 비슷한 뜻을 가진 단어를 고르세요.

① 一杯美味的奶茶能**迅速**补充体力，让人精神愉快。
　A 已经　　B 经常　　C 快速　　D 慢慢

② 奶茶的每一种味道都能让年轻人接受和**喜爱**。
　A 欢迎　　B 爱好　　C 孤独　　D 喜欢

③ 现在，很多人开始**简化**自己的生活方式。
　A 追求　　B 改变　　C 简单　　D 丰富

④ 只有简单地生活，我们才能有更多的时间**思考**未来。
　A 考虑　　B 完成　　C 了解　　D 研究

3 본문 내용에 따라 빈칸을 채우세요.

❶ 年轻人＿＿＿＿＿＿＿＿奶茶的原因很多。

❷ 奶茶已经成为年轻人生活中重要的＿＿＿＿＿＿＿＿。

❸ 现在，"简化"理念从设计领域慢慢地＿＿＿＿＿＿＿＿生活领域。

❹ 在交友方面，他们认为一定要有一个＿＿＿＿＿＿＿＿朋友。

4 긍정문을 이중부정문으로 바꿔 보세요.

❶ 因为要照顾妈妈，所以我一定要回家。

➡ ＿＿＿＿＿＿＿＿＿＿＿＿＿＿＿＿＿＿＿＿＿＿＿＿＿＿＿＿＿＿

❷ 我想睡觉，可是还有工作没完成，所以我一定要喝咖啡。

➡ ＿＿＿＿＿＿＿＿＿＿＿＿＿＿＿＿＿＿＿＿＿＿＿＿＿＿＿＿＿＿

5 '只有……，才能……'을 사용하여 두 문장을 한 문장으로 바꿔 보세요.

❶ A) 按时吃饭，B) 身体健康。

➡ ＿＿＿＿＿＿＿＿＿＿＿＿＿＿＿＿＿＿＿＿＿＿＿＿＿＿＿＿＿＿

❷ A) 相信自己，B) 更容易成功。

➡ ＿＿＿＿＿＿＿＿＿＿＿＿＿＿＿＿＿＿＿＿＿＿＿＿＿＿＿＿＿＿

내 글씨로 독해 즐기기

■ 본문 속 문장들을 필사해 보세요.

[본문 1]

[본문 2]

6과

购物
쇼핑

본문 1 喜欢二手商品
중고품을 좋아해요

본문 2 不喜欢网购
온라인 쇼핑을 싫어해요

喜欢二手商品
Xǐhuan èr shǒu shāngpǐn

旧手机、旧电脑、旧图书、旧衣服和鞋子，这些都是已经
Jiù shǒujī, jiù diànnǎo, jiù túshū, jiù yīfu hé xiézi, zhèxiē dōu shì yǐjīng

使用过❶的物品，如果再出售的话，就被称为"二手商品"。
shǐyòngguo de wùpǐn, rúguǒ zài chūshòu de huà, jiù bèi chēngwéi "èr shǒu shāngpǐn".

现在越来越多的年轻人喜欢购买二手商品。
Xiànzài yuèláiyuè duō de niánqīngrén xǐhuan gòumǎi èr shǒu shāngpǐn.

새단어

二手商品 èr shǒu shāngpǐn 중고품, 중고 상품 ◆ **旧** jiù 낡다, 오래 되다 ◆ **电脑** diànnǎo 컴퓨터 ◆ **图书** túshū 도서, 서적, 책 ◆ **鞋子** xiézi 신발 ◆ **使用** shǐyòng 사용(하다) ◆ **出售** chūshòu 팔다, 매각하다 ◆ **购买** gòumǎi 구매하다, 구입하다

今年春季开学，记者在大学采访时了解到，购买二手商品
Jīnnián chūnjì kāixué, jìzhě zài dàxué cǎifǎng shí liǎojiě dào, gòumǎi èr shǒu shāngpǐn

的大学生非常多，他们选择二手商品主要原因是便宜，
de dàxuéshēng fēicháng duō, tāmen xuǎnzé èr shǒu shāngpǐn zhǔyào yuányīn shì piányi,

除了❷便宜，还❷有很多自己喜欢的或者商品已经不生产了，
chúle piányi, háiyǒu hěn duō zìjǐ xǐhuan de huòzhě shāngpǐn yǐjīng bù shēngchǎn le,

只好买二手商品了。很多大学生在挑选二手商品时，
zhǐhǎo mǎi èr shǒu shāngpǐn le. Hěn duō dàxuéshēng zài tiāoxuǎn èr shǒu shāngpǐn shí,

非常重视商品的质量，如果质量不好，价格再❸便宜，
fēicháng zhòngshì shāngpǐn de zhìliàng, rúguǒ zhìliàng bù hǎo, jiàgé zài piányi,

他们也❸不会买。
tāmen yě bú huì mǎi.

二手商品虽然是已经使用过的物品，可是有一定的
Èr shǒu shāngpǐn suīrán shì yǐjīng shǐyòngguo de wùpǐn, kěshì yǒu yídìng de

实用价值和经济价值。对于消费能力不高的人来说，通过购买
shíyòng jiàzhí hé jīngjì jiàzhí. Duìyú xiāofèi nénglì bù gāo de rén láishuō, tōngguò gòumǎi

二手商品，可以节省开支。各种各样的二手商品也提供了
èr shǒu shāngpǐn, kěyǐ jiéshěng kāizhī. Gè zhǒng gè yàng de èr shǒu shāngpǐn yě tígōng le

---

春季 chūnjì 봄철, 춘기 ◆ **开学** kāixué 개학하다 ◆ **记者** jìzhě 기자 ◆ **大学** dàxué 대학, 대학교 ◆ **采访** cǎifǎng 취재하다, 인터뷰하다 ◆ **大学生** dàxuéshēng 대학생 ◆ **主要** zhǔyào 주요하다 ◆ **除了……还** chúle……hái ~외에 또, ~외에, ~도 ◆ **或者** huòzhě 혹은, 또는 ◆ **商品** shāngpǐn 상품, 물품 ◆ **生产** shēngchǎn 생산(하다) ◆ **只好** zhǐhǎo 부득이, 할 수 없이 ◆ **挑选** tiāoxuǎn 고르다, 선택하다 ◆ **重视** zhòngshì 중시(하다), 중요시(하다) ◆ **质量** zhìliàng 질, 품질 ◆ **再** zài 아무리 ◆ **虽然** suīrán 비록 ~일지라도 ◆ **实用** shíyòng 실용(적이다) ◆ **价值** jiàzhí 가치, 값어치 ◆ **经济** jīngjì 경제 ◆ **消费** xiāofèi 소비(하다) ◆ **节省** jiéshěng 아끼다, 절약하다 ◆ **开支** kāizhī 지출하다, 지불하다 ◆ **各种各样** gè zhǒng gè yàng 각양각색, 각종, 여러 종류 ◆ **提供** tígōng 제공하다

更多的选择，现在受欢迎的二手商品有家具、电子设备、
gèng duō de xuǎnzé, xiànzài shòu huānyíng de èr shǒu shāngpǐn yǒu jiājù、diànzǐ shèbèi、

服装、书籍等等，人们能够在二手商品中发现自己喜爱的
fúzhuāng、shūjí děngděng, rénmen nénggòu zài èr shǒu shāngpǐn zhōng fāxiàn zìjǐ xǐ'ài de

或者符合自己需求的物品。因此，二手商品越来越受到人们的
huòzhě fúhé zìjǐ xūqiú de wùpǐn. Yīncǐ, èr shǒu shāngpǐn yuèláiyuè shòudào rénmen de

喜爱。
xǐ'ài.

😊 확인하기

1. 대학생들이 중고품을 구매하는 주요 원인은 무엇인가요?

   ❶ 便宜　　　　❷ 时尚　　　　❸ 漂亮　　　　❹ 喜欢

2. 구매력이 높지 않은 사람에게 중고품 구매는 어떤 장점이 있나요?

   ❶ 心情愉快　　❷ 减轻压力　　❸ 节省开支　　❹ 容易买到

家具 jiājù 가구 ● 电子设备 diànzǐ shèbèi 전자설비, 전자기기 ● 服装 fúzhuāng 복장, 옷, 의상 ● 书籍 shūjí 서적 ● 等等 děngděng 기타, 등등 ● 符合 fúhé 부합하다, 맞다, 일치하다 ● 需求 xūqiú 수요, 필요(로 하다), 요구(되다)

어법 만나기

❶ 동사+过 ~한 적이 있다

동태조사 '过'는 일반적으로 동사나 형용사 뒤에 쓰여, 어떤 동작이 예전에 발생했었거나 이런 상태가 있었다는 것을 나타낸다.

- 几年前，香港下过大雪。
  Jǐ nián qián, Xiānggǎng xiàguo dàxuě.
  몇 년 전 홍콩에 폭설이 내린 적이 있다.

- 他写过一篇小说，很受欢迎。
  Tā xiěguo yì piān xiǎoshuō, hěn shòu huānyíng.
  그는 소설을 한 편 쓴 적 있는데 아주 인기가 많았다.

❷ 除了A，还B A 이외에 B도

점진 관계를 나타내는 접속사이다. A 상황 외에도 B 상황을 보충한다는 뜻이다.

- 他除了上班挣钱，还要学习汉语，真的很辛苦。
  Tā chúle shàngbān zhèngqián, hái yào xuéxí Hànyǔ, zhēnde hěn xīnkǔ.
  그는 출근해서 돈을 버는 것 외에도 중국어도 배워야 해서 너무 힘들다.

- 除了英语，我姐姐还会说三门外语。
  Chúle Yīngyǔ, wǒ jiějie hái huì shuō sān mén wàiyǔ.
  우리 언니는 영어 말고도 세 가지 외국어를 할 줄 안다.

❸ 再A，也B 아무리 A하더라도 B하다

A 자리에 형용사가 오면 정도가 깊어졌다는 것을 나타내며 B의 내용은 설령 정도가 깊어져도 결과는 변하지 않는다는 것을 의미한다.

- 汉语再难，我们也要学。 중국어가 아무리 어려워도 우리는 배워야 한다.
  Hànyǔ zài nán, wǒmen yě yào xué.

- 事情再多，她也不会担心。 아무리 일이 많아도 그녀는 걱정하지 않는다.
  Shìqing zài duō, tā yě bú huì dānxīn.

不喜欢网购
Bù xǐhuan wǎnggòu

网上购物具有独特的优势，那就是方便、快捷、价格也便宜。
Wǎngshàng gòuwù jùyǒu dútè de yōushì, nà jiùshì fāngbiàn, kuàijié, jiàgé yě piányi.

但我不太喜欢网上购物，我认为网购会污染环境。
Dàn wǒ bú tài xǐhuan wǎngshàng gòuwù, wǒ rènwéi wǎnggòu huì wūrǎn huánjìng.

当网购的商品邮到目的地时，人们会发现除了
Dāng wǎnggòu de shāngpǐn yóudào mùdìdì shí, rénmen huì fāxiàn chúle

새단어

网购 wǎnggòu 인터넷 쇼핑, 온라인 쇼핑, 인터넷에서 쇼핑하다 ◆ **网上购物** wǎngshàng gòuwù 온라인 구매, 넷 쇼핑 ◆ **具有** jùyǒu 구비하다, 가지다 ◆ **独特** dútè 독특하다, 특수하다 ◆ **优势** yōushì 우세, 우위 ◆ **方便** fāngbiàn 편리하다 ◆ **快捷** kuàijié 빠르다 ◆ **污染** wūrǎn 오염, 오염시키다, 오염되다 ◆ **邮** yóu 우편으로 부치다(보내다), (택배로) 보내다 ◆ **目的地** mùdìdì 목적지 ◆ **除了……以外** chúle……yǐwài ～외에 또, ～이외에도

商品以外，还有大大小小的纸箱和塑料袋，而这些用来
shāngpǐn yǐwài, háiyǒu dàdà xiǎoxiǎo de zhǐxiāng hé sùliàodài, ér zhèxiē yònglái

包装的纸箱和塑料袋都是垃圾。所以我在想，全中国的
bāozhuāng de zhǐxiāng hé sùliàodài dōushì lājī. Suǒyǐ wǒ zài xiǎng, quán Zhōngguó de

网购包装得制造出多少垃圾？这些垃圾又❶怎么处理？会给❷
wǎnggòu bāozhuāng děi zhìzào chū duōshǎo lājī? Zhèxiē lājī yòu zěnme chǔlǐ? Huì gěi

环境带来❷怎样的影响呢？
huánjìng dàilái zěnyàng de yǐngxiǎng ne?

　　一位环保专家曾经说过："人们在商店买了一块
Yí wèi huánbǎo zhuānjiā céngjīng shuōguo: "Rénmen zài shāngdiàn mǎi le yí kuài

巧克力，只享受巧克力的味道，并不重视巧克力的包装，
qiǎokèlì, zhǐ xiǎngshòu qiǎokèlì de wèidào, bìngbú zhòngshì qiǎokèlì de bāozhuāng,

而这些包装最后被❸人们变成了垃圾。我们每天扔掉很
ér zhèxiē bāozhuāng zuìhòu bèi rénmen biànchéng le lājī. Wǒmen měitiān rēngdiào hěn

多垃圾，有塑料袋、饮料瓶、一次性吸管等等，而这些塑料
duō lājī, yǒu sùliàodài、yǐnliào píng、yícìxìng xīguǎn děngděng, ér zhèxiē sùliào

制品都成了没有办法处理的垃圾，都会污染环境，也会使
zhìpǐn dōu chéng le méiyǒu bànfǎ chǔlǐ de lājī, dōu huì wūrǎn huánjìng, yě huì shǐ

大大小小 dàdà xiǎoxiǎo 크고 작은 ◆ **纸箱** zhǐxiāng 종이 상자 ◆ **塑料袋** sùliàodài 비닐봉지 ◆ **包装** bāozhuāng 포장(하다) ◆ **垃圾** lājī 쓰레기 ◆ **得** děi 틀림없이 ~일 것이다, ~임에 틀림없다 ◆ **制造** zhìzào 제조하다, 만들다 ◆ **多少** duōshǎo 얼마, 몇 ◆ **处理** chǔlǐ 처리하다, 처분하다 ◆ **怎样** zěnyàng 어떠하다 ◆ **环保** huánbǎo '环境保护(환경 보호)'의 준말 ◆ **专家** zhuānjiā 전문가 ◆ **曾经** céngjīng 이전에, 일찍이 ◆ **一块** yí kuài 한 조각 ◆ **巧克力** qiǎokèlì 초콜릿 ◆ **并不** bìngbù 결코 ~하지 않다 ◆ **变成** biànchéng ~로 변화하다, ~(으)로 되다 ◆ **扔掉** rēngdiào 던져버리다, 내버리다 ◆ **饮料瓶** yǐnliào píng 음료수 병 ◆ **一次性** yícìxìng 일회용 ◆ **吸管** xīguǎn 빨대 ◆ **塑料制品** sùliào zhìpǐn 플라스틱 제품 ◆ **成了** chéngle ~(으)로 되다 ◆ **办法** bànfǎ 방법, 방책

我们的生存环境越来越差。"
wǒmen de shēngcún huánjìng yuèláiyuè chà."

环保专家的话让我明白，不要使用太多的塑料
Huánbǎo zhuānjiā de huà ràng wǒ míngbai, búyào shǐyòng tài duō de sùliào

制品。所以为了保护好我们的生存环境，我不选择也不
zhìpǐn.　Suǒyǐ wèile bǎohù hǎo wǒmen de shēngcún huánjìng, wǒ bù xuǎnzé yě bù

喜欢网购。
xǐhuan wǎnggòu.

😊 확인하기

1. 인터넷으로 구매한 상품의 포장재는 결국 무엇으로 되었나요?
   ① 塑料　　　② 商品　　　③ 纸箱　　　④ 垃圾

2. 잘 처리하지 못한 쓰레기는 결국 어떻게 되나요?
   ① 受到人们关注　　　② 会污染环境
   ③ 成为二手商品　　　④ 变成塑料制品

生存环境 shēngcún huánjìng 생존 환경 ● **差** chà 나쁘다, 좋지 않다 ● **关注** guānzhù 관심(을 가지다), 배려(하다)

어법 만나기

❶ 又 또, 또한

부사로, 여기서 '又'는 두 가지 동작이 차례로 발생하는 것을 나타낸다.

- 看完了电影，又去博物馆参观了文物。
  Kànwán le diànyǐng, yòu qù bówùguǎn cānguān le wénwù.
  영화를 보고 나서 또 박물관에 가서 문물을 관람했다.

- 做完饭，又去打扫房间了。
  Zuòwán fàn, yòu qù dǎsǎo fángjiān le.
  밥을 짓고 나서 또 방 청소를 하러 갔다.

❷ 给A带来B A에게 B를 가져다 주다

고정 짝꿍으로 쓰이는 조합으로, A에게 B와 같은 결과를 가져왔다는 의미이다.

- 他的想法给我带来很大的帮助。
  Tā de xiǎngfǎ gěi wǒ dàilái hěn dà de bāngzhù.
  그의 생각은 나에게 큰 도움을 주었다.

- 塑料制品给我们的生存环境带来影响。
  Sùliào zhìpǐn gěi wǒmen de shēngcún huánjìng dàilái yǐngxiǎng.
  플라스틱 제품은 우리의 생활 환경에 영향을 미친다.

❸ 被자문

개사 '被'를 사용하여 동작의 주체를 끌어오는 문장 구조로, 문장의 주어는 동작의 대상이다.

> 주어(대상) + 被 + 목적어(주체/행위자) + 동사 + 기타성분

- 苹果被我吃完了。 사과는 내가 다 먹었다.
  Píngguǒ bèi wǒ chīwán le.

- 教室被他打扫了。 교실은 그가 청소했다.
  Jiàoshì bèi tā dǎsǎo le.

문제 만나기

1 보기 중 적절한 단어를 골라 빈칸을 채우세요.

> 보기 | 独特　　只好　　越来越　　符合　　污染　　生存

① 现在_____多的年轻人喜欢购买二手商品。

② 自己喜欢的或者商品已经不生产了，_____买二手商品了。

③ 人们能够在二手商品中发现自己喜爱的或者_____自己需求的物品。

④ 我不太喜欢网上购物的原因是网购会_____环境。

⑤ 网上购物具有_____的优势，那就是方便、快捷、价格也便宜。

⑥ 为了保护好我们的_____环境，我们不要使用塑料制品。

2 밑줄 친 부분과 비슷한 뜻을 가진 단어를 고르세요.

① 旧手机和旧电脑都是已经使用过的**物品**。
　　A 书籍　　　B 家具　　　C 商品　　　D 物质

② 大学生选择二手商品的**主要**原因是便宜。
　　A 其次　　　B 重要　　　C 首先　　　D 所以

③ 网上购物具有方便、**快捷**和价格也便宜的优势。
　　A 速度　　　B 包装　　　C 制造　　　D 迅速

④ 塑料制品**让**我们的生存环境越来越差。
　　A 把　　　　B 使　　　　C 被　　　　D 得

3 본문 내용에 따라 빈칸을 채우세요.

❶ 已经使用过再出售的物品被称为"_____"。

❷ 记者在大学采访时_____，购买二手商品的大学生非常多。

❸ 为了保护好我们的生存环境，我_____也不喜欢网购。

❹ _____包装的纸箱和塑料袋都是垃圾。

4 '除了……，还……'를 사용하여 두 문장을 한 문장으로 바꿔 보세요.

❶ A) 我在网上买了二手商品，B) 也买了自己喜欢的书籍。
➔ _____

❷ A) 星期六，B) 她星期天也去图书馆看书。
➔ _____

5 다음 문장을 被자문으로 바꿔 보세요.

❶ 我喝完了饮料。
➔ _____

❷ 妈妈洗完了衣服。
➔ _____

내 글씨로 독해 즐기기

■ 본문 속 문장들을 필사해 보세요.

[본문 1]

			二	手	商	品	虽	然
是	已	经	使	用	过	的	物	
品	,	可	是	有	一	定	的	
实	用		经	济	价	值		

[본문 2]

				为	了	保	护	我
们	的	生	存	环	境	,	我	
不	选	择	也	不	建 议	网		
购	。							

7과

情感
감정

본문 1 **分手请当面说**
헤어지려면 직접 만나서 얘기하세요

본문 2 **喜欢独处的年轻人**
혼자 있기를 좋아하는 젊은이들

分手请当面说
Fēnshǒu qǐng dāngmiàn shuō

念念跟男朋友交往了三年，突然有一天，她的男朋友
Niànnian gēn nánpéngyou jiāowǎng le sān nián, tūrán yǒu yìtiān, tā de nánpéngyou

打电话告诉她，他想分手。念念很吃惊，并询问分手理由，
dǎ diànhuà gàosu tā, tā xiǎng fēnshǒu. Niànnian hěn chījīng, bìng xúnwèn fēnshǒu lǐyóu,

男朋友却什么也不说，念念为此很伤心。念念觉得爱上
nánpéngyou què shénme yě bù shuō, niànnian wèicǐ hěn shāngxīn. Niànnian juéde àishang

🌸 새단어

分手 fēnshǒu 헤어지다, 이별하다 ◆ 当面 dāngmiàn 만나서 ~하다, 마주보고 ~하다 ◆ 男朋友 nánpéngyou 남자친구 ◆ 交往 jiāowǎng 교제하다 ◆ 突然 tūrán 갑자기, 별안간 ◆ 吃惊 chījīng (깜짝) 놀라다 ◆ 询问 xúnwèn 문의하다, 묻다 ◆ 理由 lǐyóu 이유 ◆ 为此 wèicǐ 이 때문에, 그런 까닭에 ◆ 伤心 shāngxīn 상심하다, 슬퍼하다, 마음 아파하다 ◆ 爱上 àishang 좋아하게 되다, 사랑하게 되다

一个人时，都是当面告诉对方的，因为这样才有诚意，那么
yí ge rén shí, dōu shì dāngmiàn gàosu duìfāng de, yīnwèi zhèyàng cáiyǒu chéngyì, nàme

分手也应该当面说清楚，当面说分手是对对方的
fēnshǒu yě yīnggāi dāngmiàn shuō qīngchǔ, dāngmiàn shuō fēnshǒu shì duì duìfāng de

尊重，也是对这段感情的尊重。如果只通过短信或者
zūnzhòng, yěshì duì zhè duàn gǎnqíng de zūnzhòng. Rúguǒ zhǐ tōngguò duǎnxìn huòzhě

电话告诉对方要分手，这样做，会让人非常伤心的。
diànhuà gàosu duìfāng yào fēnshǒu, zhèyàng zuò, huì ràng rén fēicháng shāngxīn de.

我也问过几个朋友，他们说当面提出分手，最担心
Wǒ yě wènguo jǐ ge péngyou, tāmen shuō dāngmiàn tíchū fēnshǒu, zuì dānxīn

女孩子哭，因为女孩子一哭，男孩子就没有办法了，也不敢再
nǚháizi kū, yīnwèi nǚháizi yì kū, nánháizi jiù méiyǒu bànfǎ le, yě bùgǎn zài

提出分手了。很多男孩子都有这样的想法，他们总是❶在见面
tíchū fēnshǒu le. Hěn duō nánháizi dōu yǒu zhèyàng de xiǎngfǎ, tāmen zǒngshì zài jiànmiàn

之前想得好好的，但是真正跟女孩子见面了，却很难说出
zhīqián xiǎng de hǎohǎo de, dànshì zhēnzhèng gēn nǚháizi jiànmiàn le, què hěn nán shuōchū

"分手"这两个字，所以只好❷选择通过短信或者电话告诉
"fēnshǒu" zhè liǎng ge zì, suǒyǐ zhǐhǎo xuǎnzé tōngguò duǎnxìn huòzhě diànhuà gàosu

对方了。
duìfāng le.

诚意 chéngyì 성의, 진심 ◆ **应该** yīnggāi 마땅히 ~해야 한다 ◆ **说清楚** shuō qīngchǔ 명확하게 말하다, 분명히 하다 ◆ **尊重** zūnzhòng 존중하다, 중시하다 ◆ **段** duàn 동안[일정한 시간, 공간의 거리나 구간] ◆ **短信** duǎnxìn 문자 메시지 ◆ **提出** tíchū 꺼내다, 제기하다 ◆ **不敢** bùgǎn 감히 ~하지 못하다, ~할 용기가 없다 ◆ **想法** xiǎngfǎ 생각, 의견 ◆ **见面** jiànmiàn 만나다, 대면하다 ◆ **之前** zhīqián ~의 앞, ~의 전 ◆ **字** zì 글자

其实❸，分手是一个很严肃的话题，要想跟这段感情
Qíshí, fēnshǒu shì yí ge hěn yánsù de huàtí, yào xiǎng gēn zhè duàn gǎnqíng

说再见，就必须要当面说分手。当我们老了以后，你会
shuō zàijiàn, jiù bìxū yào dāngmiàn shuō fēnshǒu. Dāng wǒmen lǎo le yǐhòu, nǐ huì

发现人生中会遇到很多美好的爱情，而那段感情只是
fāxiàn rénshēng zhōng huì yùdào hěn duō měihǎo de àiqíng, ér nà duàn gǎnqíng zhǐshì

自己生活中的一部分。
zìjǐ shēnghuó zhōng de yíbùfen.

😊 확인하기

1. 녠녠은 왜 헤어질 때 직접 만나서 이야기해야 한다고 생각하나요?

   ❶ 更容易说清楚　　　　❷ 可以说明原因
   ❸ 是对对方的尊重　　　❹ 可以避免伤心

2. 남자들은 왜 문자 메시지를 통해 상대방에게 이별을 통보하나요?

   ❶ 短信很方便　　　　　❷ 担心女孩子哭
   ❸ 打电话很麻烦　　　　❹ 没有见面时间

严肃 yánsù 엄숙하다, 진지하다 ◆ **话题** huàtí 화제 ◆ **美好** měihǎo 아름답다, 행복하다, 좋다 ◆ **爱情** àiqíng 애정, 사랑 ◆ **避免** bìmiǎn 피하다, 모면하다 ◆ **麻烦** máfan 귀찮다, 성가시다, 번거롭다

어법 만나기

❶ 总是　늘, 줄곧, 언제나

계속 변함이 없음을 나타내는 부사로, 일반적으로 뒤에 동사가 온다. '经常'과 비슷한 의미이지만 '经常'은 일이 일어나는 횟수가 많고 간격이 짧은 것을 나타내지만, '总是'는 항상 이렇다는 의미로 상황이나 하는 일에 변함이 없음을 강조한다.

- 秋天的天气总是凉凉的。
  Qiūtiān de tiānqì zǒngshì liángliáng de.
  가을의 날씨는 항상 시원하다.

- 他总是很早就起床，然后去跑步。
  Tā zǒngshì hěn zǎo jiù qǐchuáng, ránhòu qù pǎobù.
  그는 늘 아침 일찍 일어나서 달리기를 하러 간다.

❷ 只好　부득이, ~할 수 밖에 없다

다른 선택의 여지가 없고, 어쩔 수 없다는 의미를 나타낸다. 뒤에 동사 또는 형용사가 온다.

- 我不懂汉语，只好请她翻译。
  Wǒ bù dǒng Hànyǔ, zhǐhǎo qǐng tā fānyì.
  나는 중국어를 몰라서 그녀에게 통역을 부탁할 수 밖에 없었다.

- 妹妹走不快，我们只好慢一点儿。
  Mèimei zǒu bú kuài, wǒmen zhǐhǎo màn yìdiǎnr.
  여동생이 빨리 걷지 못해서 우리는 천천히 걸을 수 밖에 없었다.

❸ 其实　사실은, 실제는

말한 상황이 사실임을 나타내며 동사나 주어 앞에 사용한다.

- 其实你很聪明，就是不努力，所以成绩不好。
  Qíshí nǐ hěn cōngming, jiùshì bù nǔlì, suǒyǐ chéngjì bù hǎo.
  사실 너 진짜 똑똑한데, 노력하지 않아서 성적이 안 좋은 거야.

- 其实他喜欢吃零食，但因为身体不好，妈妈不让他吃。
  Qíshí tā xǐhuan chī língshí, dàn yīnwèi shēntǐ bù hǎo, māma bú ràng tā chī.
  사실 그는 간식을 좋아하지만 몸이 안 좋아서 엄마가 먹지 못하게 한다.

喜欢独处的年轻人
Xǐhuan dúchǔ de niánqīngrén

随着❶社会的发展，我们的生活方式也发生了变化，
Suízhe shèhuì de fāzhǎn, wǒmen de shēnghuó fāngshì yě fāshēng le biànhuà,

喜欢独处的年轻人也越来越多。很多年轻人选择在家看
xǐhuan dúchǔ de niánqīngrén yě yuèláiyuè duō. Hěn duō niánqīngrén xuǎnzé zài jiā kàn

电影、玩游戏、听音乐，而不愿意出门与人交流。这种现象
diànyǐng、wán yóuxì、tīng yīnyuè, ér bú yuànyì chūmén yǔ rén jiāoliú. Zhè zhǒng xiànxiàng

새단어

独处 dúchǔ 혼자 살다, 독거하다 ◆ 随着 suízhe ~에 따라 ◆ 变化 biànhuà 변화(하다), 달라지다, 바뀌다 ◆ 愿意 yuànyì ~하기를 바라다, 희망하다 ◆ 出门 chūmén 외출하다, 집을 나서다 ◆ 现象 xiànxiàng 현상

引起了我们的思考，那么，年轻人为什么喜欢独处呢？

当代年轻人在成长过程中，学习、娱乐、社交都是在网络上度过的。长期地沉迷于网络，**导致**❷年轻人在现实中的社交能力下降。因此，一些年轻人会选择独处，而不愿意和人交流。

此外，年轻人更喜欢独处的原因是，他们享受独处带来的自由和安静，这份自由和安静可以让这些年轻人独自思考问题，思考人生的意义。

虽然独处可以带来一定的放松和舒适，但是长时间的独处会影响心理健康。因此，年轻人应该**在**❸享受独处

引起 yǐnqǐ (주의를) 끌다, 야기하다, 일으키다 • 当代 dāngdài 당대, 그 시대, 현 시대 • 成长 chéngzhǎng 성장하다, 자라다 • 过程 guòchéng 과정 • 娱乐 yúlè 오락, 즐거움 • 社交 shèjiāo 사교 • 度过 dùguò 보내다, 지내다 • 长期 chángqī 장기간, 긴 시간 • 导致 dǎozhì 야기하다, (어떤 사태를) 초래하다(가져오다) • 下降 xiàjiàng 떨어지다, 낮아지다, 줄어들다 • 自由 zìyóu 자유(롭다) • 意义 yìyì 의의, 가치, 보람, 의미 • 心理健康 xīnlǐ jiànkāng 정신건강

的同时❸，也❸要保持与他人的交往，还要注意保持身心
de tóngshí, yě yào bǎochí yǔ tārén de jiāowǎng, háiyào zhùyì bǎochí shēnxīn

健康。
jiànkāng.

😊 확인하기

1. 인터넷 중독은 젊은이들에게 어떤 결과를 가져왔나요?
   ① 社交能力下降　　　　　② 不相信每个人
   ③ 简化自己的生活　　　　④ 总是自己思考问题

2. 오랜 시간 홀로 지내는 것은 젊은이들을 어떻게 변화시켰나요?
   ① 越来越伤心　　　　　　② 越来越寂寞
   ③ 身体越来越差　　　　　④ 影响心理健康

同时 tóngshí 동시에 ◆ **保持** bǎochí 지키다, 유지하다 ◆ **他人** tārén 타인, 남, 다른 사람 ◆ **身心健康** shēn xīn jiànkāng 몸과 마음이 건강하다, 몸과 마음의 건강

어법 만나기

❶ 随着 ~에 따라

'~(의 발전, 변화, 개선 등)에 따라 (~하다)'의 뜻인 개사로, 대부분 문장 맨 앞에 쓴다.

- **随着**经济的发展，我们的物质生活越来越好。
  Suízhe jīngjì de fāzhǎn, wǒmen de wùzhì shēnghuó yuèláiyuè hǎo.
  경제가 발전함에 따라 우리의 물질적 생활도 점점 좋아지고 있다.

- **随着**年龄的增长，我越来越喜欢这里的生活。
  Suízhe niánlíng de zēngzhǎng, wǒ yuèláiyuè xǐhuan zhèlǐ de shēnghuó.
  나이가 들면서 나는 이곳의 생활이 점점 좋아졌다.

❷ 导致 야기하다, 초래하다

'导致' 뒤에는 일반적으로 안 좋은 결과가 오고, 전후의 내용이 인과 관계임을 강조한다. 결과의 크기에 상관없이 '导致'를 사용할 수 있지만 중대한 결과를 나타낼 때는 주로 '造成'을 쓴다.

- 长时间的运动**导致**他很疲劳。
  Cháng shíjiān de yùndòng dǎozhì tā hěn píláo.
  장시간의 운동은 그를 피로하게 만들었다.

- 由于天气太热了，**导致**很多人选择在夜晚工作。
  Yóuyú tiānqì tài rè le, dǎozhì hěn duō rén xuǎnzé zài yèwǎn gōngzuò.
  날씨가 너무 더워서 많은 사람들은 밤에 일하는 것을 선택했다.

❸ 在A的同时，也B A하는 동시에 B하다

고정 짝꿍으로, A와 B 두 가지 상황이 동일 시간에 발생하거나 진행됨을 나타낸다.

- **在**努力学习**的同时**，我们**也**要重视健康。
  Zài nǔlì xuéxí de tóngshí, wǒmen yě yào zhòngshì jiànkāng.
  열심히 공부하는 동시에 건강도 중시해야 한다.

- **在**上网冲浪**的同时**，我们**也**应该保护好眼睛。
  Zài shàngwǎng chōnglàng de tóngshí, wǒmen yě yīnggāi bǎohù hǎo yǎnjing.
  웹 서핑을 하는 동시에 눈도 잘 보호해야 한다.

문제 만나기

1 보기 중 적절한 단어를 골라 빈칸을 채우세요.

> 보기 | 随着　　吃惊　　带来　　严肃　　尊重　　导致

① 当男朋友打电话告诉念念，他想分手，念念很_____。

② 念念觉得当面说分手是对对方的_____。

③ 分手是一个很_____的话题。

④ _____社会的发展，我们的生活方式也发生了变化。

⑤ 长期地沉迷于网络，_____年轻人在现实中的社交能力下降。

⑥ 年轻人享受独处_____的自由和安静。

2 밑줄 친 부분과 비슷한 뜻을 가진 단어를 고르세요.

① 男朋友不告诉念念分手的原因，念念**为此**很伤心。
　A 因此　　　B 因为　　　C 但是　　　D 而且

② 念念认为分手应该当面说**清楚**。
　A 明白　　　B 其实　　　C 诚意　　　D 尊重

③ **当代**年轻人在成长过程中，学习、娱乐、社交都是在网络上度过的。
　A 以前　　　B 最近　　　C 现在　　　D 以后

④ 独处带来的自由和安静可以**让**年轻人独自思考问题。
　A 把　　　　B 使　　　　C 被　　　　D 而

3 본문 내용에 따라 빈칸을 채우세요.

① 念念询问分手理由，男朋友却＿＿＿＿＿＿＿＿不说，念念为此很伤心。

② 女孩子一哭，男孩子就＿＿＿＿＿＿＿＿了，所以不敢再提出分手了。

③ 很多年轻人选择在家看电影、玩游戏、听音乐，而不愿意出门＿＿＿＿＿＿＿＿。

④ ＿＿＿＿＿＿＿＿独处可以带来放松和舒适，＿＿＿＿＿＿＿＿长时间的独处会影响心理健康。

4 다음 문장을 '只好'를 써서 바꿔 보세요.

① 雨越下越大，没有办法，比赛停止了。

➡ ＿＿＿＿＿＿＿＿＿＿＿＿＿＿＿＿＿＿＿＿＿＿

② 我觉得身体不好，没有办法去医院看病。

➡ ＿＿＿＿＿＿＿＿＿＿＿＿＿＿＿＿＿＿＿＿＿＿

5 밑줄 친 부분을 '随着……的+동사'의 형식으로 바꿔 보세요.

① <u>社会一点一点变化</u>，很多人已经习惯了网购。

➡ ＿＿＿＿＿＿＿＿＿＿＿＿＿＿＿＿＿＿＿＿＿＿

② <u>科学一点一点进步</u>，人们的生活方式也发生了改变。

➡ ＿＿＿＿＿＿＿＿＿＿＿＿＿＿＿＿＿＿＿＿＿＿

내 글씨로 독해 즐기기

■ 본문 속 문장들을 필사해 보세요.

[본문 1]

		坦	率	地	说	分	手	是
对	对	方	的	尊	重	，	也
是	对	这	段	感	情	的	尊
重	。						

[본문 2]

		这	一	代	人	好	大	在
成	长	过	程	中	，	学	习	、
娱	乐	、	社	交	都	是	在
网	络	上	度	过	的	。	

8과

科技
과학기술

본문1 网上预约很重要
온라인 예약은 중요해요

본문2 最常用的网络热词
가장 많이 쓰는 인터넷 핫 키워드

网上预约很重要
Wǎngshàng yùyuē hěn zhòngyào

最近，网上预约受到越来越多的商家欢迎，那么
Zuìjìn, wǎngshàng yùyuē shòudào yuèláiyuè duō de shāngjiā huānyíng, nàme

网上预约有什么好处？
wǎngshàng yùyuē yǒu shénme hǎochù?

通过网上预约，商家可以有效地了解消费者人数，
Tōngguò wǎngshàng yùyuē, shāngjiā kěyǐ yǒuxiào de liǎojiě xiāofèizhě rénshù,

 새단어

预约 yùyuē 예약(하다) ◆ **商家** shāngjiā 상가, 업체, 판매상 ◆ **好处** hǎochù 장점, 좋은 점, 이익 ◆ **有效** yǒuxiào 유효하다, 효력이 있다 ◆ **消费者** xiāofèizhě 소비자 ◆ **人数** rénshù 사람 수, 인원수

并根据消费者人数，合理地安排工作和任务，比如，预约功能能让商家有更多的准备时间，商家准备得越❶充分，提供的服务就会越❶好。网上预约的出现，改变了传统的服务方式，受到了商家的欢迎。

对于消费者来说，网上预约能够让时间更自由。消费者可以根据自己的时间选择更合适的服务时间。而❷商家则❷可以根据消费者的预约时间，安排好营业时间，这种预约方式在节假日时，更受到消费者的欢迎。

很多人都会在节假日时选择去旅游，游客去景点之前，可

根据 gēnjù 근거하다, 의거하다, 따르다 • 合理 hélǐ 합리적이다 • 安排 ānpái 안배하다, 배치하다 • 任务 rènwu 임무 • 比如 bǐrú 예컨대, 이를테면, 예를 들면 • 功能 gōngnéng 기능, 효능, 작용 • 充分 chōngfèn 충분히, 완전히, 십분 • 服务 fúwù 서비스 • 改变 gǎibiàn 바꾸다, 변경하다, 변화시키다 • 传统 chuántǒng 전통 • 方式 fāngshì 방식, 방법 • 合适 héshì 적당하다, 알맞다, 적합하다 • 则 zé ~면(=就) • 营业时间 yíngyè shíjiān 영업시간 • 节假日 jiéjiàrì 경축일과 휴일, 명절과 휴일 • 游客 yóukè 여행객 • 景点 jǐngdiǎn 경치가 좋은 곳, 명소

进行网上预约。游客到达目的地后，游客只❸需出示预约好的
jìnxíng wǎngshàng yùyuē. Yóukè dàodá mùdìdì hòu, yóukè zhǐ xū chūshì yùyuē hǎo de

电子票或二维码，就❸可以快速进入景点参观游玩，节省了很
diànzǐpiào huò èrwéimǎ, jiù kěyǐ kuàisù jìnrù jǐngdiǎn cānguān yóuwán, jiéshěng le hěn

多时间。
duō shíjiān.

😊 확인하기

1. 온라인 예약을 통해 무엇을 파악할 수 있나요?

　　❶ 预约地点　　　　　　❷ 消费者人数
　　❸ 消费者的兴趣　　　　❹ 消费者的口味

2. 예약 기능은 업체에게 어떤 이득을 가져다 주나요?

　　❶ 消费者越来越多　　　❷ 有充分的准备时间
　　❸ 可以提供各种信息　　❹ 知道商家的人会很多

到达 dàodá 도착하다, 도달하다 ◆ 需 xū 필요로 하다, 요구되다 ◆ 出示 chūshì 제시하다, 내보이다 ◆ 电子票 diànzǐpiào 전자 티켓 ◆ 或 huò 혹은, 또는 ◆ 二维码 èrwéimǎ QR코드 ◆ 快速 kuàisù 신속하다, 빠르다 ◆ 进入 jìnrù 진입하다, 들어가다 ◆ 游玩 yóuwán 돌아다니며 놀다, 휴식하면서 산보하다

어법 만나기

❶ 越A，越B A하면 할수록 B하다

점진 관계를 나타내는 고정 짝꿍으로, A의 조건이나 상황의 변화에 따라 B도 변화한다는 것을 나타낸다. 일반적으로 A는 동사를 많이 사용하고 B는 형용사를 많이 사용한다.

- 越锻炼，身体越健康。
  Yuè duànliàn, shēntǐ yuè jiànkāng.
  운동을 하면 할수록 몸은 더 건강해진다.

- 社会越发展，人们的生活方式改变得越快。
  Shèhuì yuè fāzhǎn, rénmen de shēnghuó fāngshì gǎibiàn de yuè kuài.
  사회가 발전할수록 사람들의 생활방식은 더 빨리 변한다.

❷ A，而B则/却C A했지만, (그러나) B는 C했다

일종의 전환 관계를 나타내는 고정 짝꿍으로, 서로 대립되거나 반대되는 구절을 연결하여 A와 C가 다르거나 반대됨을 강조한다. 이런 구조는 내용을 더 명확하게 표현하기 위해 사용한다.

- 虽然很努力，而他则没得到想要的结果。
  Suīrán hěn nǔlì, ér tā zé méi dédào xiǎngyào de jiéguǒ.
  열심히 했지만 그는 원하는 결과를 얻지 못했다.

- 我们想她会来，而她却一直没有来。
  Wǒmen xiǎng tā huì lái, ér tā què yìzhí méiyǒu lái.
  우리는 그녀가 올 것이라고 생각했지만 그녀는 줄곧 오지 않았다.

❸ 只(要)A，就B A하기만 하면 B하다

조건을 나타내는 접속사로, A의 조건만 충족하면 B의 결과가 생긴다는 것을 의미한다.

- 只在网上预约，我们就能节省很多时间。
  Zhǐ zài wǎngshàng yùyuē, wǒmen jiù néng jiéshěng hěn duō shíjiān.
  온라인으로 예약만 하면 우리는 많은 시간을 절약할 수 있다.

- 只要时间安排合理，我们就可以有时间参观博物馆。
  Zhǐyào shíjiān ānpái hélǐ, wǒmen jiù kěyǐ yǒu shíjiān cānguān bówùguǎn.
  시간 안배만 잘 하면 우리는 여유가 생겨 박물관을 관람할 수 있다.

最常用的网络热词
Zuì chángyòng de wǎngluò rècí

目前，在年轻人中，最常用的网络热词是"社恐"和
Mùqián, zài niánqīngrén zhōng, zuì chángyòng de wǎngluò rècí shì "shèkǒng" hé

"社牛"，"社恐"是指不喜欢现实中的社交圈，一种对线下
"shèniú", "shèkǒng" shì zhǐ bù xǐhuan xiànshí zhōng de shèjiāoquān, yì zhǒng duì xiànxià

社交感到疲乏的内向情绪。而"社牛"指的是社交能力强，在不
shèjiāo gǎndào pífá de nèixiàng qíngxù. Ér "shèniú" zhǐ de shì shèjiāo nénglì qiáng, zài bù

새단어

常用 chángyòng 늘 쓰다, 자주 사용하다 ● 热词 rècí 인기어, 핫 키워드, 화제어 ● 目前 mùqián 지금, 현재 ●
社恐 shèkǒng 사회관계 공포증, 아싸[사람과 교류하는 것을 어려워하는 사람] ● 社牛 shèniú 인싸[사교성이 뛰어
난 사람] ● 指 zhǐ 가리키다, 지적하다 ● 社交圈 shèjiāoquān 사교범위, 사교폭 ● 线下 xiànxià 오프라인 ●
疲乏 pífá 피로(하다), 피곤(하다) ● 内向 nèixiàng 내성적, 내향 ● 情绪 qíngxù 정서, 기분 ● 强 qiáng 강하다,
세다 ● 不同 bù tóng 같지 않다, 다르다

同的社交场合都能应对得很好。
tóng de shèjiāo chǎnghé dōu néng yìngduì de hěn hǎo.

专家表示，人是社会性的动物，处理好人际关系是我们
Zhuānjiā biǎoshì, rén shì shèhuìxìng de dòngwù, chǔlǐ hǎo rénjì guānxì shì wǒmen

必须要有的能力。但是，"社恐"会让人产生害怕和他人交流
bìxū yào yǒu de nénglì. Dànshì, "shèkǒng" huì ràng rén chǎnshēng hàipà hé tārén jiāoliú

的心理。"社恐"产生的原因是多方面的，有遗传、心理、环境
de xīnlǐ. "Shèkǒng" chǎnshēng de yuányīn shì duō fāngmiàn de, yǒu yíchuán、xīnlǐ、huánjìng

等因素，不过❶，最主要的原因还是❷心理，就是对自己不自信。
děng yīnsù, búguò, zuì zhǔyào de yuányīn háishi xīnlǐ, jiùshì duì zìjǐ bú zìxìn.

所以，只有自信才能克服"社恐"。
Suǒyǐ, zhǐyǒu zìxìn cáinéng kèfú "shèkǒng".

与"社恐"的人相反，"社牛"的人总是积极、勇敢、自信，
Yǔ "shèkǒng" de rén xiāngfǎn, "shèniú" de rén zǒngshì jījí、yǒnggǎn、zìxìn,

喜欢主导别人，很少关心别人的需求，伤害了对方，自己还
xǐhuan zhǔdǎo biérén, hěn shǎo guānxīn biérén de xūqiú, shānghài le duìfāng, zìjǐ hái

不知道。所以，"社牛"的人也要多考虑别人的情绪变化。
bùzhīdào. Suǒyǐ, "shèniú" de rén yě yào duō kǎolǜ biérén de qíngxù biànhuà.

社交场合 shèjiāo chǎnghé 사교 모임, 사교적인 자리 ◆ **应对** yìngduì 대응하다, 대처하다 ◆ **表示** biǎoshì 나타내다, 표시하다 ◆ **社会性** shèhuìxìng 사회성 ◆ **动物** dòngwù 동물 ◆ **人际关系** rénjì guānxì 대인관계, 인간관계 ◆ **产生** chǎnshēng 발생(하다), 생기다 ◆ **心理** xīnlǐ 심리(상태), 기분 ◆ **多方面** duōfāngmiàn 다방면의, 다각도의 ◆ **遗传** yíchuán 유전(하다) ◆ **因素** yīnsù 원인, 조건, 요소 ◆ **不过** búguò 그런데, 그러나 ◆ **还是** háishi 아직도, 여전히 ◆ **克服** kèfú 극복하다, 참고 견디다 ◆ **相反** xiāngfǎn 상반되다, 반대되다 ◆ **积极** jījí 적극적이다, 의욕적이다 ◆ **勇敢** yǒnggǎn 용감하다 ◆ **主导** zhǔdǎo 주도하다 ◆ **伤害** shānghài 상해하다, 손상시키다, 해치다 ◆ **不知道** bù zhīdào 모르다 ◆ **考虑** kǎolǜ 고려(하다)

不管是❸"社恐"的人还是❸"社牛"的人，都❸要明白一点，
Bùguǎn shì "shèkǒng" de rén háishi "shèniú" de rén, dōu yào míngbai yìdiǎn,

人际交往能力和其它能力一样，也是需要学习的，只有通过不断
rénjì jiāowǎng nénglì hé qítā nénglì yíyàng, yěshì xūyào xuéxí de, zhǐyǒu tōngguò búduàn

学习，社交时，自己的表现才能变得越来越好。
xuéxí, shèjiāo shí, zìjǐ de biǎoxiàn cáinéng biàn de yuèláiyuè hǎo.

😊 확인하기

1. '사교 공포'는 어떤 감정을 뜻하나요?

   ① 喜欢独处　　　　　② 不愿意出门
   ③ 不喜欢聊天　　　　④ 对线下社交感到疲乏

2. '사교 능력자'는 어떤 특징이 있나요?

   ① 喜欢聊天　　　　　② 喜欢网购
   ③ 喜欢主导别人　　　④ 喜欢在网上交友

不管 bùguǎn ~에 관계없이, ~을 막론하고 • **人际交往能力** rénjì jiāowǎng nénglì 대인관계 능력, 사교성 • **需要** xūyào 요구되다, 필요로 하다 • **其它** qítā 기타, 다른 • **不断** búduàn 끊임없이, 부단히, 늘 • **表现** biǎoxiàn 표현(하다), 태도, 품행

어법 만나기

① 不过 하지만, 그러나

접속사로, 뒤 문장의 시작 부분에 쓰여 완곡한 전환을 나타내며 앞 문장을 보충하는 역할을 한다.

- 最近他工作很努力，不过情绪不太好。
  Zuìjìn tā gōngzuò hěn nǔlì, búguò qíngxù bútài hǎo.
  요즘 그는 일을 열심히 하지만 기분이 좋지 않다.

- 天气很好，不过太热了。
  Tiānqì hěn hǎo, búguò tài rè le.
  날씨는 좋은데 너무 덥다.

② 还是 아직도, 여전히

행위, 동작 또는 상태가 계속해서 그대로 유지됨을 나타내는 부사이다.

- 明天我们还是先在网上预约，再安排好时间。
  Míngtiān wǒmen háishi xiān zài wǎngshàng yùyuē, zài ānpái hǎo shíjiān.
  내일 우리 먼저 온라인으로 예약을 하고 다시 시간을 정하자.

- 很长时间不见，老师还是很健康。
  Hěn cháng shíjiān bú jiàn, lǎoshī háishi hěn jiànkāng.
  만난지 오래됐는데 선생님은 여전히 건강하시다.

③ 不管是A还是B，都C A든 B든 막론하고 다 C하다

조건 관계를 나타내는 접속사로, A, B에는 조건, C에는 결과 또는 결론이 나온다. A 조건이든 B 조건이든 결과나 결론은 변하지 않음을 뜻한다.

- 不管是你去还是我去，都要把工作完成以后再去。
  Bùguǎn shì nǐ qù háishi wǒ qù, dōu yào bǎ gōngzuò wánchéng yǐhòu zài qù.
  네가 가든 내가 가든 일을 다 끝내고 가야 한다.

- 不管是在冬天还是在夏天，他都会坚持每天早上锻炼身体。
  Bùguǎn shì zài dōngtiān háishi zài xiàtiān, tā dōu huì jiānchí měitiān zǎoshang duànliàn shēntǐ.
  겨울이든 여름이든 막론하고 그는 매일 아침 꾸준히 운동을 한다.

문제 만나기

1 보기 중 적절한 단어를 골라 빈칸을 채우세요.

| 보기 | 常用　　有效　　充分　　改变　　内向　　克服 |

① 网上预约的出现，_____了商家的传统的服务方式。

② 通过网上预约，商家可以_____地了解消费者人数。

③ 商家准备得越_____，提供的服务就会越好。

④ 目前，在年轻人中，最_____的网络热词是"社恐"和"社牛"。

⑤ "社恐"是一种对线下社交感到疲乏的_____情绪。

⑥ 只有自信才能_____"社恐"。

2 밑줄 친 부분과 비슷한 뜻을 가진 단어를 고르세요.

① 商家可以**根据**消费者人数，合理地安排工作和任务。
　A 了解　　B 安排　　C 按照　　D 准备

② 消费者可以根据自己的时间**选择**更合适的服务时间。
　A 预约　　B 安排　　C 需要　　D 挑选

③ "社牛"的人总是积极、勇敢、自信，喜欢主导别人，很少**关心**别人的需求。
　A 满足　　B 思考　　C 知道　　D 关注

④ 只有通过**不断**学习，自己的人际交往能力才会越来越好。
　A 努力　　B 认真　　C 一直　　D 经常

3 본문 내용에 따라 빈칸을 채우세요.

① 商家则可以根据消费者的预约时间，_____营业时间。

② _____消费者_____，网上预约能够让时间更自由。

③ "社牛"_____社交能力强，在不同的社交场合都能应对得很好。

④ 人际交往能力_____其它能力_____，也是需要学习的。

4 '只要……，就……'를 사용하여 두 문장을 한 문장으로 바꿔 보세요.

① A) 你没做不好的事，B) 老师不会批评你。

→ _____

② A) 坚持和人多交流，B) 能认识很多好朋友。

→ _____

5 '不管是……还是……, 都……'를 사용하여 두 문장을 한 문장으로 바꿔 보세요.

① A) 是奶茶还是咖啡，B) 对身体不好。

→ _____

② A) 是"社恐"还是"社牛"，B) 要考虑别人的情绪变化。

→ _____

내 글씨로 독해 즐기기

■ 본문 속 문장들을 필사해 보세요.

[본문 1]

网上预约的出现，改变了传统的服务方式，受到了商家的欢迎。

[본문 2]

目前，在年轻人中，最常用的网络热词是"社恐"和"社牛"。

부록

- 독해 실력 check!
- 단어 실력 check!
- 본문 해석
- 정답 및 모범답안
- 단어 색인

✓ 독해 실력 check!

힌트를 참고해서 제시된 문장을 우리말로 해석해 보세요.

1과

1 有时候，妈妈下班回家，我和姐姐已经睡了。

   힌트 已经……了 이미 ~했다

   해석

   모르는 단어 체크

2 如果我做不好的事情，她会很严厉地批评我！

   힌트 如果……，会…… 만약 ~하다면 ~할 것이다.

   해석

   모르는 단어 체크

3 每次吃鱼，妈妈都是先吃鱼头，再把鱼肉放在我和父亲的碗里让我们吃。

   힌트 先……，再…… 먼저 ~하고 그 다음에 ~하다

   해석

   모르는 단어 체크

2과

1 向异性介绍自己，一定要真诚，要有礼貌和自信。

힌트 向……介绍…… ~에게 ~를 소개하다 | 一定要 (반드시) ~해야 한다

해석

모르는 단어 체크

2 人是不能没有朋友的，必须要有真正的朋友。

힌트 不能没有 (이중부정) 없어서는 안 된다

해석

모르는 단어 체크

3 遇到困难时，朋友会马上帮助你，这样的朋友只会出现在生活中。

힌트 遇到……时 ~을 마주쳤을 때

해석

모르는 단어 체크

3과

1 对于年轻人来说，这些知识不但可以满足年轻人的好奇心，还可以让自己更进步。

   힌트 对于……来说 ~에게 있어서 | 不但……，还…… ~할 뿐만 아니라 ~하다

   해석

   모르는 단어 체크

2 当自己打的时候，可以让自己放松，还可以独自思考一些问题。

   힌트 当……的时候 ~할 때

   해석

   모르는 단어 체크

3 最重要的是，高尔夫运动对谈生意有帮助。

   힌트 对……有帮助 ~에 도움이 되다

   해석

   모르는 단어 체크

1. 睡前看手机，不能时间太长，否则，眼睛会很疲劳。

   힌트 否则 그렇지 않으면

   해석

   모르는 단어 체크

2. 晚上看手机时，一定要开灯看，这样就不会对眼睛造成不好的影响。

   힌트 对……造成……的影响 ~에 ~한 영향을 야기하다

   해석

   모르는 단어 체크

3. 为了适应这样的生活，我开始计划周末的时候，一个人怎么过。

   힌트 为了…… ~를 위하여

   해석

   모르는 단어 체크

5과

1 为什么年轻人这么沉迷于奶茶？

   힌트 沉迷于…… ~에 빠져 있다

   해석

   모르는 단어 체크

2 总之，奶茶已经成为年轻人生活中重要的一部分。

   힌트 总之 결론적으로, 아무튼

   해석

   모르는 단어 체크

3 只有简单地生活，我们才能有更多的时间思考和计划自己的未来。

   힌트 只有……，才能…… 오직 ~해야만 비로소 ~할 수 있다

   해석

   모르는 단어 체크

1 现在越来越多的年轻人喜欢购买二手商品。

   힌트 越来越 점점, 더욱더

   해석

   모르는 단어 체크

2 如果质量不好，价格再便宜，他们也不会买。

   힌트 再……也…… 아무리 ~하더라도

   해석

   모르는 단어 체크

3 网上购物具有独特的优势，那就是方便、快捷、价格也便宜。

   힌트 具有……的优势 ~한 장점을 가지고 있다

   해석

   모르는 단어 체크

독해 실력 check!

7과

1. 当面说分手是对对方的尊重，也是对这段感情的尊重。

   힌트 对……的尊重 ~에 대한 존중 | 是……，也是…… ~이고 또한 ~이다

   해석

   모르는 단어 체크

2. 如果只通过短信或者电话告诉对方要分手，这样做，会让人非常伤心的。

   힌트 通过…… ~을 통해서

   해석

   모르는 단어 체크

3. 长期地沉迷于网络，导致年轻人在现实中的社交能力下降。

   힌트 导致…… ~을 야기하다, ~을 초래하다

   해석

   모르는 단어 체크

8과

1 商家准备得越充分，提供的服务就会越好。

힌트 越……，越…… ~하면 할수록 ~하다

해석

모르는 단어 체크

2 "社牛"指的是社交能力强，在不同的社交场合都能应对得很好。

힌트 指的是 ~을 가리킨다

해석

모르는 단어 체크

3 与"社恐"的人相反，"社牛"的人总是积极、勇敢、自信，喜欢主导别人。

힌트 与……相反 ~와 반대로

해석

모르는 단어 체크

단어실력 check!

빈 칸에 들어갈 알맞은 한자, 한어병음, 뜻을 써 보세요.

	한자	한어병음	뜻
1	关心	guānxīn	
2	照顾		돌보다, 보살펴주다
3		yánlì	호되다, 매섭다
4	总是		늘, 줄곧, 언제나
5		zhújiàn	점차, 점점
6	道理	dàolǐ	
7	礼貌		예의 (바르다)
8		kāixīn	유쾌하다, 즐겁다
9	印象	yìnxiàng	
10		jiāoyǒu	교제하다, 교우하다
11	考试		시험(을 보다/치다)
12	担心	dānxīn	

한자	한어병음	뜻
13	xìnxī	정보, 소식
14 目的		목적
15 满足	mǎnzú	
16 运动		운동, 스포츠
17	yālì	스트레스, 압력
18 健康	jiànkāng	
19	shǒujī	핸드폰, 휴대폰
20 研究		연구(하다)
21 选择	xuǎnzé	
22	zhōumò	주말
23 适应		적응(하다)
24 打扫	dǎsǎo	

단어실력 check!

	한자	한어병음	뜻
25	减肥		다이어트하다, 살을 빼다
26		yuányīn	원인
27	补充	bǔchōng	
28	追求		추구하다, 탐구하다
29		gōngzī	임금, 급여, 월급
30	得到	dédào	
31		shǐyòng	사용(하다)
32	价值	jiàzhí	
33	符合		부합하다, 맞다, 일치하다
34		jùyǒu	구비하다, 가지다
35	垃圾	lājī	
36		chǔlǐ	처리하다, 처분하다
37	办法		방법, 방책

	한자	한어병음	뜻
38		guānzhù	관심(을 가지다), 배려(하다)
39	分手		헤어지다, 이별하다
40	吃惊	chījīng	
41		xiǎngfǎ	생각, 의견
42	爱情	àiqíng	
43	现象		현상
44	过程	guòchéng	
45		zìyóu	자유(롭다)
46	好处		장점, 좋은 점, 이익
47	合理	hélǐ	
48		chōngfèn	충분히, 완전히, 십분
49	勇敢	yǒnggǎn	
50	考虑		고려(하다)

과

본문1 남동생은 누나를 제일 무서워해요　　　　　　　　　　　　　　p.10

우리 가족은 네 명입니다. 아빠, 엄마, 누나 그리고 저요. 아빠는 일이 바빠서 종종 집을 비우세요. 엄마는 선생님이고, 우리를 잘 돌봐주십니다. 엄마는 매일 힘들게 일합니다. 어떨 때는 엄마가 퇴근해서 집에 오시면 저와 누나는 이미 잠들어 있을 때도 있어요.

아빠와 엄마는 우리를 돌볼 시간이 없어서 저는 매일 누나와 함께 밥을 먹고, 공부하고, 놀고, 자고, 학교에 갑니다. 누나는 저보다 6살 많고, 아주 똑똑해요. 제가 뭔가 잘못할 때면 누나는 엄하게 저를 꾸짖어요! 그래서 저는 누나가 정말 무서워요!

어릴 때, 저는 말썽쟁이였고, 부모님 말씀을 잘 듣지 않았어요. 어느 날 감기에 걸렸을 때, 엄마는 저에게 쉬라고 하셨지만, 저는 TV를 보고 싶었어요. 엄마는 매우 화가 나셨죠. 그때 누나가 제가 엄마 말을 듣지 않는 걸 보고, 큰 소리로 "엄마 말 안 들으면 널 때려 줄 거야!"라고 말했어요. 그 말을 듣고 저는 무서워서 바로 제 방으로 가서 쉬었어요. 왜냐하면 누나는 정말로 저를 때리는데, 진짜 아프게 때리거든요.

누나는 또 저를 아주 좋아해요. 누나는 간식을 별로 좋아하지 않지만, 매번 집에 올 때마다 저에게 간식을 사다 줘요. 제 생일이 되면, 누나는 생일 선물도 사 줍니다. 이게 바로 제 누나예요. 이런 누나가 있어서 저는 정말 행복해요.

본문2 엄마는 생선 머리를 좋아해요　　　　　　　　　　　　　　　　p.14

어렸을 때 집이 가난해서 생선 한 번 먹기도 힘들었어요. 생선을 먹을 때마다 엄마는 생선 머리를 먼저 먹고 나서 그 다음에 생선살을 나와 아빠 그릇에 놓아주며 먹으라고 했어요. 그때 나도 생선 머리를 먹으려고 했지만 엄마는 항상 "엄마는 생선 머리를 좋아해."라고 말씀하셨어요. 나는 생선 머리가 분명 맛있을 거라고 생각했어요. 한번은 엄마가 집에 안 계실 때 생선 머리를 먹어 봤는데 맛이 없었고 생선살만큼 맛있지 않았어요.

한번은 외할머니가 우리집에 와서 식사를 하실 때 뜻밖에도 엄마가 생선살을 외할머니께 드시라고 권했어요. 하지만 외할머니는 "너 잊었어? 엄마는 생선 머리를 가장 좋아하잖아."라고 하셨어요. 그때 나는 '왜 엄마의 엄마도 생선 머리를 좋아하지?'라고 생각했어요.

스물아홉 살 때 나는 결혼했고 생활이 점점 나아졌어요. 매번 아내와 생선을 먹을 때마다 마지막으로 남는 것은 항상 생선 머리였어요.

후에 나에게는 딸이 생겼어요. 한번은 밥을 먹을 때, 아내가 잘 바른 생선살을 딸의 그릇에 놓아주고 자신은 생선 머리를 먹고 있었어요. 딸도 생선 머리를 먹고 싶어 하자 아내도 "착한 아가, 엄마는 생선 머리를 좋아해."라고 말했어요.

그때부터 생선을 먹을 때마다 딸은 작은 손으로 생선 머리를 엄마의 그릇에 놓아주면서 "엄마, 생선 머리 드세요."라고 말했어요.

그 후로 나는 여자는 엄마가 되고 나서야 생선 머리를 좋아하게 된다는 것을 깨달았어요.

2과

본문1 이성에게 자기소개하기   p.22

　새로운 친구를 만날 때는 자기소개를 해야 합니다. 만약 새로운 친구가 이성이라면 자기소개를 잘하는 것은 더욱 중요하죠! 그렇다면 이성에게 어떻게 자신을 소개해야 할까요? 이성에게 자신을 소개할 때는 진솔하고, 예의 바르며, 자신감이 있어야 합니다.

　먼저, 자신의 취미, 직업, 가족, 친구 등을 소개할 수 있습니다. 상대방이 나를 이해할 수 있게 말이죠. 또 자신의 미래 계획에 관해 이야기할 수도 있습니다. 만약 서로 대화가 즐겁게 이어진다면, 좋은 친구가 될 기회도 생길 것입니다.

　다음으로, 상대방이 질문할 때는 주의 깊게 듣고, 예의를 갖춰 대답해야 합니다. 대답하기 싫은 질문이라면 왜 대답하기 싫은지 진솔하게 설명해 주는 것이 좋습니다. 이렇게 하면 상대방에게 좋은 인상을 남길 수 있습니다. 또 상대방에게 질문을 해 보는 것도 좋습니다. 서로 간의 공통된 취미를 발견했을 때는, 더 많은 이야기를 나누어 상대방이 나를 더 쉽게 이해할 수 있도록 할 수 있습니다.

　마지막으로, 자신이 인기 있는 사람이라고 믿으세요. 이성과 대화할 때 자신감을 가지세요. 자신감이 있으면 상대방도 당신과의 대화를 더 좋아하게 될 겁니다. 또, 서로 더 즐겁고 편안한 대화를 나눌 수 있습니다.

본문2 온라인으로 친구를 사귀어도 괜찮나요?   p.26

　닝닝은 중학생입니다. 닝닝은 공부를 열심히 하고 매번 시험 성적도 좋습니다. 고등학교에 입학한 후, 엄마는 닝닝에게 핸드폰을 사 줬습니다. 핸드폰이 생기고 난 후, 닝닝은 인터넷으로 많은 온라인 친구를 사귀게 되었고, 그 친구들과 자주 대화를 나누었습니다.

　닝닝의 엄마는 닝닝이 온라인에서 친구 사귀는 것을 좋아하지 않았습니다. 왜냐하면 닝닝이 매일 온라인 친구들하고만 대화하려고 하고, 현실에서의 친구들에게는 신경을 쓰지 않았기 때문입니다. 그 결과 많은 친구들이 닝닝을 멀리하게 되었고, 닝닝과 친구들 사이의 감정도 예전처럼 좋지 않아서 엄마는 걱정이 많았습니다.

　닝닝의 엄마는 사람은 친구가 없어서도 안 되지만 진정한 친구는 꼭 필요하다고 생각했습니다. 그렇다면 진정한 친구란 무엇일까요? 어려움에 부딪혔을 때, 친구라면 곧바로 당신을 도울 것입니다. 이런 친구는 인터넷에는 없으며, 오직 현실에서만 찾을 수 있습니다.

　그래서 닝닝의 엄마는 닝닝과 진지하게 이야기를 나눠 보기로 결심했습니다. 대화를 나눌 때 엄마는 닝닝에게 "온라인 친구를 사귈 수는 있지만, 현실의 친구를 잊어서는 안돼. 왜냐하면 현실의 친구가 더 중요하기 때문이란다. 현실 친구는 나와 함께 웃고, 함께 울며, 삶의 기쁨을 함께 나눌 수 있는 친구이기 때문이지."라고 말해 주었습니다. 닝닝은 엄마의 말을 듣고, 엄마 말씀이 맞다고 생각했습니다. 닝닝은 앞으로는 반드시 현실 속의 친구들에게 더 신경을 쓰겠다고 마음먹었습니다.

3과

본문1 웹 서핑을 즐겨요   p.34

　지금 우리는 인터넷에서 방대한 양의 정보를 접할 수 있습니다. 그래서 많은 사람들은 인터넷에서 지나치게 많은 시간을 보내고 있습니다. 그들은 인터넷에서 뉴스를 검색하고, 영화를 보고, 음악을 듣고, 새로운 지식을 습득합니다. 하지만 이러한 행동들은 특별한 목적 없이 이루어지기 때문에 '웹 서핑'이라고 불립니다.

　오늘날 사회에서 인터넷은 매우 빠른 속도로 발전했고, 웹 서핑은 이미 한동안 유행했습니다. 많은 사람들이 휴식 시간에 웹 서핑을 즐기고, 웹 서핑으로 얻는 다양한 즐거움을 즐깁니다. 그렇다면 젊은이들은 왜 웹 서핑을 좋아할까요?

　그 이유는 인터넷에 새로운 지식이 많기 때문입니다. 젊은이들에게 있어 이러한 지식은 그들의 호기심을 충족시킬 뿐만 아니라, 자신을 더욱 발전시킬 수도 있습니다. 또 많은 젊은이들은 인터넷에서 자신이 좋아하는 다양한 정보를 찾을 수 있는데, 이러한 정보들은 그들의 삶을 더욱 풍요롭고 즐겁게 만들어 주기 때문에, 젊은이들은 웹 서핑을 좋아합니다.

본문2 뜨고 있는 골프   p.38

　골프는 매우 인기 있는 야외 스포츠입니다. 이 스포츠는 쾌적한 자연환경에서 하며, 사람들의 마음을 편안하게 해 줄 뿐만 아니라 신체 단련에도 도움이 됩니다.

　골프의 특징은 혼자서도 칠 수 있고, 다른 사람과도 함께 즐길 수 있다는 점입니다. 혼자 칠 때는 마음을 차분히 할 수 있고, 혼자만의 생각을 정리할 수도 있습니다. 다른 사람과 함께 칠 때는 경쟁과 교류의 기회가 됩니다. 그래서 골프는 스트레스를 줄여 줄 뿐만 아니라 새로운 친구를 사귈 수 있고, 사교성을 기르는 데도 도움이 됩니다.

　골프는 야외에서 하는 스포츠입니다. 야외 햇빛에는 비타민D가 있는데 비타민D는 신체 건강에 도움이 됩니다. 가장 중요한 점은 골프는 비즈니스에 도움이 된다는 것입니다. 골프는 자연환경 속에서 진행되기 때문에 이러한 편안한 환경은 비즈니스 대화를 할 때의 긴장을 완화해 주고, 상대방을 더 잘 이해할 수 있게 하여 협상이 더 쉽게 이루어질 수 있습니다. 그래서 골프는 점점 더 많은 사람들에게 사랑받고 있습니다.

본문1 자기 전에 핸드폰을 보면 좋을까요?   p.46

　당신은 잠자기 전에 핸드폰을 보나요? 아마 많은 사람들이 그렇다고 대답할 것입니다. 낮에는 바쁘게 일하고, 퇴근 후에는 잠시나마 휴식을 취할 수 있는 시간이니까요. 특히 잠자기 전에 많은 사람들은 핸드폰으로 게임을 하거나, 영상을 보거나, 음악을 들으면서 하루의 피로를 풀곤 합니다.
　최근 연구에 따르면, 잠자기 전에 핸드폰을 보는 것이 여러 문제를 야기할 수 있다는 사실이 밝혀졌습니다. 잠자기 전에 장시간 핸드폰을 보면 안 되는데, 안 그러면 눈이 피로해지고, 정서적으로도 영향을 받을 수 있으며, 무엇보다 정상적인 수면에 지장을 줄 수 있습니다.
　따라서 잠들기 전에 핸드폰을 즐겨 보는 사람들은 기분을 좋게 해 주는 콘텐츠를 선택해서 봐야 합니다. 이런 콘텐츠는 마음을 편안하게 해 주고, 쉽게 잠들 수 있도록 도와줍니다. 또한, 밤에 핸드폰을 볼 때는 반드시 불을 켜고 봐야 하는데, 이렇게 해야 눈에 해로운 영향을 주지 않을 수 있습니다.
　잠자기 전에 핸드폰을 보는 것이 문제가 되지는 않지만, 좋은 핸드폰 보기 습관을 길러야 합니다.

본문2 주말에 혼자 어떻게 보내나요?   p.50

　2025년, 새로운 도시로 이사하면서 혼자 살기 시작했을 때, 제 생활은 단조로워졌고 더 안정됐다고도 말할 수 있습니다. 평일에는 회사에 출근해서 동료들과 함께 지내기 때문에 외로움을 느끼지 않았습니다. 그러나 주말이 되어 혼자 집에 있으면 때때로 외로움을 느끼곤 했습니다. 그래서 이런 생활에 적응하기 위해 주말에 혼자 어떻게 보낼지 계획하기 시작했습니다.
　금요일 퇴근 후에는 친구와 함께 저녁을 먹으면서 대화를 나눈 뒤, 영화를 보러 가기로 계획했습니다.
　토요일 아침에는 일어나서 스스로 맛있는 아침 식사를 준비합니다. 식사를 마친 후에는 집안 청소를 하고 방을 정리합니다. 오후에는 도서관이나 박물관에 가도 좋겠습니다. 도서관에서는 책을 읽거나 공부를 할 수 있고, 박물관에서는 유물을 감상하고 역사를 이해할 수 있습니다. 저녁에는 집에서 게임을 하거나 책을 읽고 새로운 지식을 얻는 시간을 가집니다.
　일요일에는 날씨가 좋다면 자전거를 타고 가고 싶었던 경치 좋은 곳을 가 보는 겁니다. 아름다운 풍경을 감상하면서 운동도 할 수 있으니까요. 집에 돌아올 때는 좋아하는 식당에 들러 먹고 싶은 음식을 주문합니다. 저는 이렇게 주말을 보내면 정말 만족스러울 것 같습니다. 여러분, 어떻게 생각하시나요?

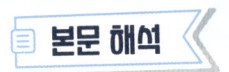

5과

본문 1 밀크티 마시는 젊은이들 p.58

　중국 거리를 걷다 보면 많은 젊은이들이 새 옷은 사지 않아도 밀크티는 꼭 사야 하고, 영화를 볼 때 간식은 먹지 않아도 밀크티는 꼭 마셔야 하며, 다이어트 중에는 훠궈는 먹지 않아도 밀크티는 꼭 마시는 현상을 볼 수 있습니다.

　왜 젊은이들은 밀크티에 이렇게 푹 빠져 있을까요? 그 이유는 밀크티의 맛이 매우 다양하고 그 다양한 맛이 젊은이들의 입맛을 사로잡고 취향을 저격했기 때문입니다. 그 밖에 밀크티 컵의 디자인이 예쁘고 트렌디해서 사진을 찍어 친구들과 공유하기에도 좋습니다. 마지막으로, 밀크티는 열량을 보충할 수도 있습니다. 분주한 학업과 업무가 끝난 후 마시는 맛있는 밀크티 한 잔은 빠르게 체력을 보충하고 기분을 환기시켜 줍니다.

　결론적으로, 밀크티는 이미 젊은이들의 삶에서 중요한 일부분이 되었습니다. 하지만 주의할 점은 밀크티를 적당히 마셔야 한다는 것입니다. 너무 많이 마시면 건강에 영향을 줄 수 있습니다!

본문 2 미니멀리즘의 유행 p.62

　최근 디자인 분야에서 하나의 이념이 유행하고 있는데 그것은 바로 '간소화(미니멀리즘)'입니다. 이 이념이 추구하는 것은 디자인 스타일을 단순화하고, 색채를 최소화하는 것입니다. 현재 이 이념은 디자인 영역에서 생활 영역으로까지 서서히 확산되었으며 많은 사람들이 자신의 생활 방식을 간소화하기 시작했습니다.

　과거에, 사람들의 삶에 대한 이념은 물질적인 풍요로움으로, 좋은 음식을 먹고 좋은 물건을 사용하며 친구가 많아야 삶이 행복하다고 생각했습니다. 또한, 좋은 직업을 가지고 많은 돈을 벌어야 한다고 생각했습니다. 하지만 이런 생활은 사람들에게 피로감을 느끼게 하고, 스트레스를 받게 했습니다. 그래서 이제 많은 사람들은 자신의 삶을 간소화하는 것을 더 선호하게 되었습니다. 물질적인 부분에 있어서, 이제 사람들은 좋아하는 물건이 아니라 필요한 물건만 삽니다. 인간관계의 경우, 친구가 많지 않아도 되지만 진정한 친구는 한 명 있어야 된다고 생각합니다. 일에 있어서는 월급의 많고 적음이 중요한 것이 아니라 일의 즐거움을 더 중요하게 생각합니다.

　타이완의 작가 싼마오(三毛)는 이렇게 말했습니다. "행복한 사람들은 모두 미니멀리즘의 삶을 이해합니다." 삶이 간소화되어야만 우리는 비로소 자신의 미래를 생각하고 계획할 수 있는 시간을 더 많이 가질 수 있고, 또 그로 인해 더 여유롭고 행복한 삶을 살 수 있습니다.

본문1 중고품을 좋아해요

낡은 휴대전화, 낡은 컴퓨터, 오래된 책, 오래된 옷과 신발, 이런 것들은 이미 사용했던 물건들인데 만약 이런 물건들을 다시 팔 경우 우리는 이것을 '중고품'이라고 부릅니다. 요즘 중고품 구매를 선호하는 젊은이들이 점점 늘어나고 있습니다.

올해 봄 학기 개학 때 대학을 취재한 기자는 중고품을 구매하는 대학생들이 매우 많다는 사실을 알게 되었습니다. 그들이 중고품을 선택하는 주요 원인은 가격이 저렴하기 때문입니다. 가격 외에도 자신이 좋아하거나 물건이 더 이상 생산되지 않는 경우 중고품을 구매할 수밖에 없습니다. 많은 대학생들이 중고품을 고를 때 상품의 품질을 가장 중요하게 생각합니다. 만약 품질이 좋지 않으면 가격이 아무리 싸더라도 구매하지 않습니다.

중고품은 이미 사용한 적이 있는 물건이긴 하지만 여전히 실용적, 경제적 가치를 가지고 있습니다. 소비력이 높지 않은 사람들은 중고품 구매를 통해 지출을 줄일 수 있습니다. 다양한 중고품은 더 많은 선택지를 제공합니다. 현재 반응이 가장 좋은 중고품은 가구, 전자기기, 의류, 책 등입니다. 사람들은 중고품을 통해 본인이 좋아하거나 자신이 필요로 하는 물건을 찾을 수 있습니다. 이로 인해 중고품은 점점 더 사람들의 사랑을 받고 있습니다.

본문2 온라인 쇼핑을 싫어해요

온라인 쇼핑은 특별한 장점을 가지고 있습니다. 바로 편리하고 빠르며 가격도 저렴하다는 것입니다. 하지만 저는 온라인 쇼핑을 그다지 좋아하지 않습니다. 그 이유는 온라인 쇼핑이 환경을 오염시킬 수 있다고 생각하기 때문입니다.

온라인 쇼핑으로 구매한 상품이 목적지에 도착했을 때 우리는 상품 외에도 크고 작은 종이 상자와 비닐봉지가 있다는 걸 발견하게 됩니다. 포장재로 쓰인 이 종이 상자와 비닐봉지는 모두 쓰레기가 됩니다. 그래서 저는 생각해 봅니다. 중국 전체의 온라인 쇼핑 포장이 얼마나 많은 쓰레기를 만들어 낼까? 이 쓰레기들은 또 어떻게 처리될까? 그리고 환경에 어떤 영향을 미칠까?

한 환경 보호 전문가는 이렇게 말한 적이 있습니다. "사람들이 가게에서 초콜릿을 사면 초콜릿 맛에만 집중하고 그 포장에 대해서는 크게 신경 쓰지 않습니다. 이 포장재들은 결국 쓰레기가 되죠. 우리는 매일 많은 쓰레기를 버리고 있는데, 그중에는 비닐봉지, 음료병, 일회용 빨대 등이 있습니다. 이러한 플라스틱 제품들은 처리하기 힘든 쓰레기가 되어 환경을 오염시키고, 우리의 생존 환경을 점점 더 악화시킬 것입니다."

환경 전문가의 이 말을 듣고 저는 플라스틱 제품을 많이 사용하지 말아야 한다는 것을 깨달았습니다. 그래서 저는 우리의 생존 환경을 잘 보호하기 위해 온라인 쇼핑을 하지 않으며, 좋아하지도 않습니다.

7과

본문1 헤어지려면 직접 만나서 얘기하세요   p.82

녠녠은 남자친구와 3년 동안 사귀었습니다. 그런데 어느 날 갑자기 남자친구가 전화로 헤어지고 싶다고 말했습니다. 녠녠은 매우 놀랐고 왜 헤어지려는지 이유를 물었지만 남자친구는 아무 말도 하지 않았습니다. 이 일로 녠녠은 큰 상처를 받았습니다. 녠녠은 누군가를 사랑하게 되었을 때 상대방을 직접 만나서 이야기하는 것이 진정성 있다고 생각합니다. 그러면 헤어질 때도 마찬가지로 직접 만나서 이야기하는 것이 상대방에 대한 존중이고, 또한 그 감정에 대한 존중이라고 여겼습니다. 단지 문자나 전화로 헤어짐을 통보하는 것은 상대에게 깊은 상처를 줄 수 있습니다.

저도 몇몇 친구들에게 물어봤습니다. 그들은 직접 만나서 이별을 고할 때 가장 걱정되는 것이 여자친구가 우는 것이라고 했습니다. 여자친구가 울면 남자들은 어떻게 해야 할지 몰라서 결국 헤어지자는 말을 다시 꺼내지 못하게 된다고 합니다. 많은 남자들이 이런 생각을 하고 있었습니다. 만나기 전에는 헤어질 결심을 굳게 다지지만, 막상 여자친구를 만나면 '헤어지자'라는 이 한마디를 꺼내기 어렵기 때문에 부득이 문자나 전화로 대신 이별을 통보하는 경우가 많았습니다.

사실 헤어짐은 매우 진지한 화제입니다. 만약 이 감정을 정리하고 싶다면 반드시 직접 만나서 이별을 말해야 합니다. 우리가 나중에 나이가 들어 돌이켜 봤을 때 삶에서 많은 아름다운 사랑을 만날 수 있고, 그때의 감정은 단지 내 삶의 일부였음을 깨닫게 될 것입니다.

본문2 혼자 있기를 좋아하는 젊은이들   p.86

사회가 발전하면서 우리의 생활 방식도 변했고, 혼자 있는 것을 좋아하는 젊은이들도 점점 더 많아지고 있습니다. 많은 젊은이들은 집에서 영화를 보고, 게임을 하고, 음악을 듣는 것을 선호하며, 외출해서 다른 사람과 교류하는 것을 꺼립니다. 이러한 현상은 우리에게 많은 생각할 거리를 던져 줍니다. 그렇다면 젊은이들은 왜 혼자 있기를 좋아하는 걸까요?

오늘날 젊은이들은 성장 과정에서 학습, 오락, 사교 활동을 주로 온라인에서 해왔습니다. 오랜 시간 동안 인터넷에 몰두한 결과 현실에서의 사교 능력이 저하되었습니다. 이에 따라 일부 젊은이들은 혼자 있는 것을 선택하고 타인과의 교류는 꺼리고 있습니다.

이 외에도, 젊은이들이 혼자 있는 것을 더 선호하는 이유는 그들이 혼자 있을 때 오는 자유와 안정감을 즐기기 때문입니다. 이 자유와 안정감은 젊은이들이 스스로 문제를 고민하고, 인생의 의미를 생각할 수 있는 시간을 제공합니다.

비록 혼자 있는 것이 어느 정도의 휴식과 편안함을 가져다줄 수는 있지만, 오랜 시간 홀로 지내는 것은 정신 건강에 악영향을 미칠 수 있습니다. 따라서 젊은이들은 혼자 있는 시간을 즐기는 동시에, 타인과의 교류도 유지해서, 몸과 마음의 건강을 잘 지켜야 합니다.

과

본문1 온라인 예약은 중요해요 p.94

최근, 점점 더 많은 업체들이 온라인 예약을 환영하고 있습니다. 그렇다면 온라인 예약에는 어떤 장점이 있을까요?

온라인 예약을 통해 업체는 소비자 수를 효과적으로 파악할 수 있고 소비자 수를 바탕으로 일과 업무를 합리적으로 안배할 수 있습니다. 예를 들어, 예약 기능으로 업체는 더 많은 준비 시간을 가질 수 있으며, 준비가 충분할수록 더 나은 서비스를 제공할 수 있습니다. 온라인 예약의 등장으로 기존의 서비스 방식이 달라졌고, 업체의 호응을 얻고 있습니다.

소비자는 온라인 예약으로 더 자유롭게 시간을 활용할 수 있습니다. 소비자는 자신의 일정에 맞춰 더 나은 서비스 시간을 선택할 수 있습니다. 또 업체 측에서는 소비자가 예약한 시간에 맞춰 영업을 준비할 수 있습니다. 이런 예약 방식은 특히 공휴일에 소비자들의 더 큰 호응을 얻습니다.

많은 사람들은 연휴 기간에 여행을 떠나는데, 여행객들은 여행지로 가기 전에 온라인 예약을 할 수 있습니다. 여행객들이 목적지에 도착한 후 예약해 둔 전자 티켓 또는 QR코드를 보여 주기만 하면 빠르게 입장하여 관광지를 구경하고 놀 수 있으며 많은 시간을 절약할 수 있습니다.

본문2 가장 많이 쓰는 인터넷 핫 키워드 p.98

현재 젊은이들 사이에서 가장 자주 사용되는 인터넷 핫 키워드는 '사교 공포(社恐, 대인기피증 또는 아싸)'와 '사교 능력자(社牛, 사교성이 뛰어난 사람 또는 인싸)'입니다. '사교 공포'는 현실에서의 사회적 교류를 좋아하지 않으며, 오프라인 인간관계에 피로감을 느끼는 내향적인 감정을 뜻합니다. 반면에 '사교 능력자'는 사교 능력이 강한 것을 가리키는데, 다양한 사회적 상황에서 능숙하게 대처할 수 있습니다.

전문가들은 인간이 사회적 동물이며, 인간관계를 잘 다루는 것은 필수적인 능력이라고 말합니다. 하지만 '사교 공포'는 사람들로 하여금 다른 사람과의 소통을 두려워하게 합니다. '사교 공포'가 나타나는 원인은 유전, 심리, 환경 등 다양한 요인이 있습니다. 하지만 가장 큰 원인은 심리적인 요소, 즉 자신에 대한 자신감 부족입니다. 그러므로 자신감을 키워야만 '사교 공포'를 극복할 수 있습니다.

'사교 공포'와는 반대로 '사교 능력자'들은 항상 적극적이고 용감하며 자신감이 넘치고 다른 사람을 주도하는 것을 좋아하며, 상대방의 요구에 거의 관심을 두지 않아 때로는 상대에게 상처를 주고도 이를 인지하지 못하기도 합니다. 그래서 '사교 능력자'들 역시 다른 사람의 감정 변화를 잘 고려할 필요가 있습니다.

'사교 공포'가 있는 사람이든 '사교 능력자'든 사교성도 다른 역량처럼 배워야 한다는 것을 명심해야 합니다. 끊임없이 배워야만 타인과 교류할 때 점점 더 나은 모습을 보일 수 있습니다.

확인하기 & 문제 만나기 정답

1과

확인하기

본문1 1 ③   2 ②
본문2 1 ②   2 ①

문제 만나기

1 ① 一起
　② 已经
　③ 照顾
　④ 逐渐
　⑤ 挑
　⑥ 明白

2 ① B ② C ③ B ④ D

3 ① 不在家
　② 严厉地批评
　③ 没想到
　④ 剩下的

4 ① 我比妹妹大。/ 妹妹比我小。
　② 昨天比今天热。

5 ① 我把作业写完了。
　② 陈医生把孩子的病看好了。

2과

확인하기

본문1 1 ③   2 ①
본문2 1 ④   2 ④

문제 만나기

1 ① 礼貌
　② 介绍
　③ 留下
　④ 不错
　⑤ 必须
　⑥ 享受

2 ① A ② A ③ D ④ B

3 ① 真诚 / 礼貌
　② 很开心
　③ 生活中
　④ 谈一谈

4 ① 如果我们能够更加努力地工作，那么能取得更好的成果。
　② 如果他能来参加会议，那么我们可以听他的意见。

5 ① 他们是从韩国来的。
　② 他是通过电脑上课的。

3과

확인하기

본문1 1 ④   2 ②
본문2 1 ①   2 ③

문제 만나기

1 ① 称为
　② 满足
　③ 丰富
　④ 放松
　⑤ 竞争
　⑥ 减轻

2 ① D ② B ③ C ④ C

3 ① 并没有
　② 网上冲浪
　③ 维生素D
　④ 谈成生意

4 ① 牛奶不但好喝，还有营养。
　② 四川省不但风景优美，人口还很多。

5 ① 当老师讲课的时候，我们都认真听课。
　② 当我第一次去中国的时候，我觉得汉语很有意思。

4과

확인하기

본문1　1 ②　　2 ②
본문2　1 ③　　2 ①

문제 만나기

1 ① 缓解
　② 造成
　③ 否则
　④ 独自
　⑤ 孤独
　⑥ 适应

2 ① C ② B ③ B ④ C

3 ① 放松一下
　② 开灯看
　③ 感到寂寞
　④ 整理房间

4 ① 一定要相信自己，否则不容易完成目标。
　② 睡前看手机，不能时间太长，否则眼睛会很疲劳。

5 ① 我计划今年先去留学，明年再找工作。
　② 要想成功，先要努力，再要坚持。

5과

확인하기

본문1　1 ②　　2 ①
본문2　1 ①　　2 ③

문제 만나기

1 ① 接受
　② 分享
　③ 适量
　④ 流行
　⑤ 必要
　⑥ 追求

2 ① C ② D ③ C ④ A

3 ① 沉迷于
　② 一部分
　③ 移到了
　④ 真正的

4 ① 因为要照顾妈妈，所以我不能不回家。
　② 我想睡觉，可是还有工作没完成，所以我不能不喝咖啡。

확인하기 & 문제 만나기 정답

5 ① 只有按时吃饭，身体才能健康。
　② 只有相信自己，才能更容易成功。

6과

확인하기
본문1　1 ①　　2 ③
본문2　1 ④　　2 ②

문제 만나기
1 ① 越来越
　② 只好
　③ 符合
　④ 污染
　⑤ 独特
　⑥ 生存

2 ① C　② B　③ D　④ B

3 ① 二手商品
　② 了解到
　③ 不选择
　④ 用来

4 ① 我在网上除了买了二手商品，还买了自己喜欢的书籍。
　② 除了星期六，她星期天还去图书馆看书。

5 ① 饮料被我喝完了。
　② 衣服被妈妈洗完了。

7과

확인하기
본문1　1 ③　　2 ②
본문2　1 ①　　2 ④

문제 만나기
1 ① 吃惊
　② 尊重
　③ 严肃
　④ 随着
　⑤ 导致
　⑥ 带来

2 ① A　② A　③ C　④ B

3 ① 什么也
　② 没有办法
　③ 与人交流
　④ 虽然 / 但是

4 ① 雨越下越大，比赛只好停止了。
　② 我觉得身体不好，只好去医院看病。

5 ① 随着社会的变化，很多人已经习惯了网购。
　② 随着科学的进步，人们的生活方式也发生了改变。

8과

확인하기

본문1　1 ❷　　2 ❷
본문2　1 ❹　　2 ❸

문제 만나기

1　❶ 改变
　❷ 有效
　❸ 充分
　❹ 常用
　❺ 内向
　❻ 克服

2　❶ C　❷ D　❸ D　❹ C

3　❶ 安排好
　❷ 对于 / 来说
　❸ 指的是
　❹ 和 / 一样

4　❶ 只要你没做不好的事，老师就不会批评你。
　❷ 只要坚持和人多交流，就能认识很多好朋友。

5　❶ 不管是奶茶还是咖啡，都对身体不好。
　❷ 不管是"社恐"还是"社牛"，都要考虑别人的情绪变化。

실력 check! 모범 답안

독해

1과

1. 어떨 때는 엄마가 퇴근해서 집에 오시면 나와 누나는 이미 잠들어 있다.
2. 만약 내가 안 좋은 일을 하면, 그녀는 엄하게 나를 꾸짖을 것이다!
3. 생선을 먹을 때마나 엄마는 생선 머리를 먼저 드시고 나서 그 다음에 생선살을 나와 아빠 그릇에 놓아주며 먹으라고 하셨다.

2과

1. 이성에게 자신을 소개할 때는 진솔하고, 예의 바르며, 자신감이 있어야 한다.
2. 사람은 친구가 없어서도 안 되지만 진정한 친구는 꼭 필요하다.
3. 어려움에 부딪혔을 때, 친구라면 곧바로 당신을 도울 것이고, 이런 친구는 오직 현실에서만 찾을 수 있다.

3과

1. 젊은이들에게 있어 이러한 지식은 그들의 호기심을 충족시킬 뿐만 아니라, 자신을 더욱 발전시킬 수도 있다.
2. 혼자 칠 때는 마음을 차분히 할 수 있고, 혼자만의 생각을 정리할 수도 있다.
3. 가장 중요한 점은 골프는 비즈니스에 도움이 된다는 것이다.

4과

1. 잠자기 전에 장시간 핸드폰을 보면 안 되는데, 안 그러면 눈이 피로해진다.
2. 밤에 핸드폰을 볼 때는 반드시 불을 켜고 봐야 하는데, 이렇게 해야 눈에 해로운 영향을 주지 않을 수 있다.
3. 이런 생활에 적응하기 위해 나는 주말에 혼자 어떻게 보낼지 계획하기 시작했다.

5과

1. 왜 젊은이들은 밀크티에 이렇게 푹 빠져 있을까?
2. 결론적으로, 밀크티는 이미 젊은이들의 삶에서 중요한 일부분이 되었다.
3. 삶이 간소화되어야만 우리는 비로소 자신의 미래를 생각하고 계획할 수 있는 시간을 더 많이 가질 수 있다.

6과

1. 요즘 중고품 구매를 선호하는 젊은이들이 점점 늘어나고 있다.
2. 만약 품질이 좋지 않으면 가격이 아무리 싸더라도 그들은 구매하지 않는다.
3. 온라인 쇼핑은 특별한 장점을 가지고 있다. 바로 편리하고 빠르며 가격도 저렴하다는 것이다.

7과

1. 직접 만나서 헤어짐을 이야기하는 것은 상대방에 대한 존중이고, 또한 그 감정에 대한 존중이기도 하다.
2. 만약 문자나 전화로만 상대에게 헤어짐을 알린다면 깊은 상처를 줄 수 있다.
3. 오랜 시간 동안 인터넷에 몰두한 결과 젊은이들은 현실에서의 사교 능력이 저하되었다.

8과

1 업체의 준비가 충분할수록 제공되는 서비스도 더 좋아질 것이다.
2 '사교 능력자'는 사교 능력이 강한 것을 가리키는데, 다양한 사회적 상황에서 능숙하게 대처할 수 있다.
3 '사교 공포'와는 반대로, '사교 능력자'들은 항상 적극적이고 용감하며 자신감이 넘치고 다른 사람을 주도하는 것을 좋아한다.

단어

1 관심(을 가지다)
2 zhàogù
3 严厉
4 zǒngshì
5 逐渐
6 도리, 일리, 이치
7 lǐmào
8 开心
9 인상
10 交友
11 kǎoshì
12 염려하다, 걱정하다
13 信息
14 mùdì
15 만족하다, 만족시키다
16 yùndòng
17 压力
18 건강(하다)
19 手机
20 yánjiū
21 선택(하다)
22 周末
23 shìyìng
24 청소하다
25 jiǎnféi
26 原因
27 보충하다
28 zhuīqiú
29 工资
30 얻다, 획득하다
31 使用
32 가치, 값어치
33 fúhé
34 具有
35 쓰레기
36 处理
37 bànfǎ
38 关注
39 fēnshǒu
40 (깜짝) 놀라다
41 想法
42 애정, 사랑
43 xiànxiàng
44 과정
45 自由
46 hǎochù
47 합리적이다
48 充分
49 용감하다
50 kǎolǜ

단어 색인

A

爱好	àihào	취미, 기호	23 (2과)
爱情	àiqíng	애정, 사랑	84 (7과)
爱上	àishang	좋아하게 되다, 사랑하게 되다	82 (7과)
安静	ānjìng	조용하다, 편안하다	50 (4과)
安排	ānpái	안배하다, 배치하다	95 (8과)
按时	ànshí	제때에, 제시간에	60 (5과)

B

包装	bāozhuāng	포장(하다)	75 (6과)
白天	báitiān	낮, 대낮	46 (4과)
搬	bān	이사하다, 옮겨가다	50 (4과)
办法	bànfǎ	방법, 방책	75 (6과)
帮助	bāngzhù	돕다, 원조하다	27 (2과)
保持	bǎochí	지키다, 유지하다	88 (7과)
杯子	bēizi	컵, 잔	59 (5과)
备受	bèishòu	실컷 받다, 한껏 받다	38 (3과)
被称为	bèi chēngwéi	~라고 불리다	35 (3과)
比	bǐ	비교하다, ~에 비해, ~보다	11 (1과)
比如	bǐrú	예컨대, 이를테면, 예를 들면	95 (8과)
必须	bìxū	반드시 ~해야 한다, 꼭 ~해야 한다	27 (2과)
必要	bìyào	필요(로 하다)	63 (5과)
避免	bìmiǎn	피하다, 모면하다	84 (7과)
变得	biàn de	~로 되다, ~해지다	50 (4과)
变成	biànchéng	~로 변화하다, ~(으)로 되다	75 (6과)
变好	biànhǎo	개선되다, 좋아지다	15 (1과)
变化	biànhuà	변화(하다), 달라지다, 바뀌다	86 (7과)
便	biàn	바로, 즉, 곧	16 (1과)
表示	biǎoshì	나타내다, 표시하다	99 (8과)
表现	biǎoxiàn	표현(하다), 태도, 품행	100 (8과)
别人	biérén	다른 사람, 타인	39 (3과)
并不	bìngbù	결코 ~하지 않다	75 (6과)
并且	bìngqiě	또한, 그리고, ~뿐만 아니라	59 (5과)
博物馆	bówùguǎn	박물관	51 (4과)
不错	búcuò	괜찮다, 좋다	52 (4과)
不但	búdàn	~할 뿐만 아니라	35 (3과)
不断	búduàn	끊임없이, 부단히, 늘	100 (8과)
不敢	bùgǎn	감히 ~하지 못하다, ~할 용기가 없다	83 (7과)
不管	bùguǎn	~에 관계없이, ~을 막론하고	100 (8과)
不过	búguò	그런데, 그러나	99 (8과)
不听……的话	bù tīng……de huà	~의 말을 안 듣다	11 (1과)
不同	bù tóng	같지 않다, 다르다	98 (8과)
不知道	bù zhīdào	모르다	99 (8과)
补充	bǔchōng	보충하다	59 (5과)
部	bù	대, 기[전자기기를 세는 양사]	26 (2과)

C

采访	cǎifǎng	취재하다, 인터뷰하다	71 (6과)
参观	cānguān	참관(하다), 견학(하다)	51 (4과)
曾经	céngjīng	이전에, 일찍이	75 (6과)
差	chà	나쁘다, 좋지 않다	76 (6과)
产生	chǎnshēng	발생(하다), 생기다	99 (8과)
长期	chángqī	장기간, 긴 시간	87 (7과)
尝	cháng	맛보다	15 (1과)
常用	chángyòng	늘 쓰다, 자주 사용하다	98 (8과)
沉迷于……	chénmí yú……	~에 중독되다, ~에 빠지다	59 (5과)
成绩	chéngjì	성적, 성과	26 (2과)

成了 chéngle	~(으)로 되다	75 (6과)
成为 chéngwéi	~이 되다	23 (2과)
成长 chéngzhǎng	성장하다, 자라다	87 (7과)
城市 chéngshì	도시	50 (4과)
诚意 chéngyì	성의, 진심	83 (7과)
吃饭 chīfàn	밥을 먹다, 식사하다	11 (1과)
吃惊 chījīng	(깜짝) 놀라다	82 (7과)
充分 chōngfèn	충분히, 완전히, 십분	95 (8과)
出门 chūmén	외출하다, 집을 나서다	86 (7과)
出示 chūshì	제시하다, 내보이다	96 (8과)
出售 chūshòu	팔다, 매각하다	70 (6과)
出现 chūxiàn	나타나다, 출현하다	27 (2과)
除了……还 chúle……hái	~외에 또, ~외에, ~도	71 (6과)
除了……以外 chúle……yǐwài	~외에 또, ~이외에도	74 (6과)
处理 chǔlǐ	처리하다, 처분하다	75 (6과)
春季 chūnjì	봄철, 춘기	71 (6과)
穿 chuān	(옷을) 입다	64 (5과)
传统 chuántǒng	전통	95 (8과)
此外 cǐwài	이 밖에, 이 이외	59 (5과)
聪明 cōngmíng	총명하다, 영리하다, 똑똑하다	11 (1과)
从此 cóngcǐ	이제부터, 그로부터, 지금부터	16 (1과)
从……到 cóng……dào	~부터 ~까지, ~에서 ~까지	62 (5과)
从那以后 cóng nà yǐhòu	그때 이후, 그 후로	16 (1과)

D

打 dǎ	때리다, 손찌검하다, (공을) 치다	11 (1과)
打电话 dǎ diànhuà	전화를 걸다	40 (3과)
打扫 dǎsǎo	청소하다	51 (4과)
打游戏 dǎ yóuxì	게임하다	51 (4과)
大城市 dàchéngshì	대도시	64 (5과)
大大小小 dàdà xiǎoxiǎo	크고 작은	75 (6과)
大街 dàjiē	큰길, 번화가, 대로	58 (5과)
大量 dàliàng	대량의, 다량의	34 (3과)
大声 dàshēng	큰 소리, 소리를 크게 내다	11 (1과)
大学 dàxué	대학, 대학교	71 (6과)
大学生 dàxuéshēng	대학생	71 (6과)
带来 dàilái	가져오다, 가져다주다	35 (3과)
担心 dānxīn	염려하다, 걱정하다	27 (2과)
当代 dāngdài	당대, 그 시대, 현 시대	87 (7과)
当……的时候 dāng……de shíhou	~일 때, ~할 때	39 (3과)
当面 dāngmiàn	만나서 ~하다, 마주보고 ~하다	82 (7과)
当时 dāngshí	당시, 그때	14 (1과)
导致 dǎozhì	야기하다, (어떤 사태를) 초래하다(가져오다)	87 (7과)
到达 dàodá	도착하다, 도달하다	96 (8과)
道理 dàolǐ	도리, 일리, 이치	16 (1과)
的话 de huà	~하다면, ~이면	60 (5과)
得到 dédào	얻다, 획득하다	64 (5과)
得 děi	틀림없이 ~일 것이다, ~임에 틀림없다	75 (6과)
等等 děngděng	기타, 등등	72 (6과)
电脑 diànnǎo	컴퓨터	70 (6과)
电影 diànyǐng	영화	34 (3과)
电子票 diànzǐpiào	전자 티켓	96 (8과)
电子设备 diànzǐ shèbèi	전자설비, 전자기기	72 (6과)

단어 색인

懂得 dǒng de	(뜻, 방법 따위를) 알다, 이해하다	63 (5과)
动物 dòngwù	동물	99 (8과)
独处 dúchǔ	혼자 살다, 독거하다	86 (7과)
独特 dútè	독특하다, 특수하다	74 (6과)
独自 dúzì	단독으로, 혼자서, 홀로	39 (3과)
度过 dùguò	보내다, 지내다	87 (7과)
短 duǎn	짧다	48 (4과)
短信 duǎnxìn	문자 메시지	83 (7과)
段 duàn	동안[일정한 시간, 공간의 거리나 구간]	83 (7과)
锻炼 duànliàn	(몸과 마음을) 단련하다	38 (3과)
对 duì	맞다, 옳다	28 (2과)
对方 duìfāng	상대방, 상대편	23 (2과)
对……说 duì……shuō	~에게 말하다	11 (1과)
对……有帮助 duì……yǒu bāngzhù	~에 도움이 되다	39 (3과)
对于……来说 duìyú……láishuō	~에게 있어서	35 (3과)
顿 dùn	끼, 끼니 [식사를 셀 때 쓰는 양사]	51 (4과)
多方面 duōfāngmiàn	다방면의, 다각도의	99 (8과)
多少 duōshǎo	얼마, 몇	75 (6과)

E

而 ér	하지만, 그러나, 또한, 그리고	34 (3과)
而且 érqiě	게다가, 또한	12 (1과)
二手商品 èr shǒu shāngpǐn	중고품, 중고 상품	70 (6과)
二维码 èrwéimǎ	QR코드	96 (8과)

F

发现 fāxiàn	발견하다	23 (2과)
发展 fāzhǎn	발전(하다)	35 (3과)
饭菜 fàncài	식사, 밥과 찬	52 (4과)
饭店 fàndiàn	레스토랑, 식당, 호텔	52 (4과)
方便 fāngbiàn	편리하다	74 (6과)
方面 fāngmiàn	방면, 분야, 영역	63 (5과)
方式 fāngshì	방식, 방법	95 (8과)
房间 fángjiān	방	11 (1과)
放松 fàngsōng	편안하게 하다	38 (3과)
分手 fēnshǒu	헤어지다, 이별하다	82 (7과)
丰富 fēngfù	풍부하다, 많다	36 (3과)
风格 fēnggé	풍격, 스타일	62 (5과)
风景区 fēngjǐngqū	관광지구, 명승지구	51 (4과)
否则 fǒuzé	만약 그렇지 않으면	47 (4과)
服务 fúwù	서비스	95 (8과)
服装 fúzhuāng	복장, 옷, 의상	72 (6과)
符合 fúhé	부합하다, 맞다, 일치하다	72 (6과)
父亲 fùqīn	아버지, 부친	14 (1과)

G

改变 gǎibiàn	바꾸다, 변경하다, 변화시키다	95 (8과)
感到 gǎndào	느끼다, 생각하다, 여기다	24 (2과)
感冒 gǎnmào	감기(에 걸리다)	11 (1과)
感情 gǎnqíng	감정, 친근감	27 (2과)
高尔夫 gāo'ěrfū	골프	38 (3과)
高中 gāozhōng	고등학교	26 (2과)
告诉 gàosu	알리다, 말하다	23 (2과)
各位 gèwèi	여러분	52 (4과)
各种 gèzhǒng	각종(의), 여러 가지	35 (3과)
各种各样 gè zhǒng gè yàng	각양각색, 각종, 여러 종류	71 (6과)
根据 gēnjù	근거하다, 의거하다, 따르다	95 (8과)

更加 gèngjiā	더욱 더, 한층	36 (3과)
工资 gōngzī	임금, 급여, 월급	63 (5과)
工作 gōngzuò	일, 업무, 일하다	10 (1과)
公司 gōngsī	회사	50 (4과)
功能 gōngnéng	기능, 효능, 작용	95 (8과)
购买 gòumǎi	구매하다, 구입하다	70 (6과)
孤独 gūdú	고독하다	50 (4과)
乖孩子 guāi háizi	착한 아이, 착한 어린이	15 (1과)
关心 guānxīn	관심(을 가지다)	10 (1과)
关注 guānzhù	관심(을 가지다), 배려(하다)	76 (6과)
过 guò	지내다, 보내다	50 (4과)
过程 guòchéng	과정	87 (7과)
过生日 guò shēngrì	생일을 쇠다	12 (1과)

还是 háishi	아직도, 여전히	99 (8과)
害怕 hàipà	두려워하다, 무서워하다	11 (1과)
好吃 hǎochī	맛있다, 맛나다	15 (1과)
好处 hǎochù	장점, 좋은 점, 이익	94 (8과)
好好 hǎohǎo	잘, 충분히	27 (2과)
好奇心 hàoqíxīn	호기심	35 (3과)
合理 hélǐ	합리적이다	95 (8과)
合适 héshì	적당하다, 알맞다, 적합하다	95 (8과)
和……一起 hé……yìqǐ	~와 함께, 같이	11 (1과)
后来 hòulái	그 후, 그 뒤에	15 (1과)
互联网 hùliánwǎng	인터넷	34 (3과)
户外 hùwài	야외, 실외	38 (3과)
花 huā	(돈·시간을) 쓰다, 들이다	34 (3과)
话题 huàtí	화제	84 (7과)
环保 huánbǎo	'环境保护(환경 보호)'의 준말	75 (6과)
环境 huánjìng	환경, 주위 상황[조건]	39 (3과)
缓解 huǎnjiě	완화되다, 풀어지다, 완화시키다	39 (3과)
回答 huídá	대답하다, 화답하다	23 (2과)
回家 huíjiā	집으로 돌아가다, 귀가하다	10 (1과)
火锅 huǒguō	중국식 샤브샤브, 훠궈	58 (5과)
或 huò	혹은, 또는	96 (8과)
或者 huòzhě	혹은, 또는	71 (6과)

J

机会 jīhuì	기회	23 (2과)
积极 jījí	적극적이다, 의욕적이다	99 (8과)
计划 jìhuà	계획(하다)	23 (2과)
记者 jìzhě	기자	71 (6과)
寂寞 jìmò	적막하다, 적적하다, 쓸쓸하다	51 (4과)
家具 jiājù	가구	72 (6과)
家人 jiārén	가족, 한 집안 식구	23 (2과)
价格 jiàgé	가격	60 (5과)
价值 jiàzhí	가치, 값어치	71 (6과)
减肥 jiǎnféi	다이어트하다, 살을 빼다	58 (5과)
减轻 jiǎnqīng	경감하다, 덜다, 가볍게 하다	39 (3과)
简单 jiǎndān	간단하다, 단순하다	50 (4과)
简化 jiǎnhuà	간략화하다, 간소화하다	62 (5과)
见面 jiànmiàn	만나다, 대면하다	83 (7과)
健康 jiànkāng	건강(하다)	39 (3과)
交 jiāo	사귀다	26 (2과)
交际 jiāojì	사교, 교제(하다)	39 (3과)
交流 jiāoliú	교류(하다)	39 (3과)
交往 jiāowǎng	교제하다	82 (7과)

단어 색인 **135**

단어 색인

交友 jiāoyǒu	교제하다, 교우하다	26	(2과)
接受 jiēshòu	받아들이다	59	(5과)
节假日 jiéjiàrì	경축일과 휴일, 명절과 휴일	95	(8과)
节省 jiéshěng	아끼다, 절약하다	71	(6과)
结果 jiéguǒ	결국, 끝내	27	(2과)
结婚 jiéhūn	결혼하다	15	(1과)
介绍 jièshào	소개하다	22	(2과)
今后 jīnhòu	이제부터, 앞으로	28	(2과)
紧张 jǐnzhāng	긴장, 불안	39	(3과)
进步 jìnbù	진보(하다), 발전(하다)	35	(3과)
进入 jìnrù	진입하다, 들어가다	96	(8과)
进行 jìnxíng	진행하다, (어떠한 활동을) 하다	35	(3과)
近来 jìnlái	근래, 요즘	62	(5과)
经常 jīngcháng	늘, 항상, 언제나	10	(1과)
经济 jīngjì	경제	71	(6과)
精神 jīngshén	활력, 기력, 정신	59	(5과)
景点 jǐngdiǎn	경치가 좋은 곳, 명소	95	(8과)
竞争 jìngzhēng	경쟁(하다)	39	(3과)
旧 jiù	낡다, 오래 되다	70	(6과)
具有 jùyǒu	구비하다, 가지다	74	(6과)
决定 juédìng	결정하다, 결심하다	27	(2과)
觉得 juéde	~라고 느끼다, ~라고 생각하다	15	(1과)

K

开灯 kāidēng	불을 켜다, 전등을 켜다	47	(4과)
开始 kāishǐ	시작하다	50	(4과)
开心 kāixīn	유쾌하다, 즐겁다	23	(2과)
开学 kāixué	개학하다	71	(6과)
开支 kāizhī	지출하다, 지불하다	71	(6과)
考虑 kǎolǜ	고려(하다)	99	(8과)
考上 kǎoshàng	(시험에) 합격하다	26	(2과)
考试 kǎoshì	시험(을 보다/치다)	26	(2과)
可以 kěyǐ	~해도 된다, ~할 수 있다	26	(2과)
克服 kèfú	극복하다, 참고 견디다	99	(8과)
口味 kǒuwèi	맛	59	(5과)
哭 kū	울다	28	(2과)
快捷 kuàijié	빠르다	74	(6과)
快乐 kuàilè	즐겁다, 유쾌하다, 즐거움	28	(2과)
快速 kuàisù	신속하다, 빠르다	96	(8과)
困难 kùnnan	곤란, 어려움, 곤란하다, 어렵다	27	(2과)

L

垃圾 lājī	쓰레기	75	(6과)
乐趣 lèqù	즐거움, 재미	35	(3과)
离开 líkāi	떠나다, 벗어나다, 헤어지다	27	(2과)
礼貌 lǐmào	예의 (바르다)	22	(2과)
礼物 lǐwù	선물, 예물	12	(1과)
理念 lǐniàn	이념	62	(5과)
理由 lǐyóu	이유	82	(7과)
历史 lìshǐ	역사	51	(4과)
良好 liánghǎo	양호하다, 좋다	48	(4과)
聊天 liáotiān	이야기(하다)	23	(2과)
了解 liǎojiě	(자세하게 잘) 알다, 이해하다	23	(2과)
零食 língshí	군것질, 간식	12	(1과)
领域 lǐngyù	영역, 분야	62	(5과)
留下 liúxià	남기다, 남겨 두다	23	(2과)
流行 liúxíng	유행(하다), 성행(하다), 넓게 퍼지다	35	(3과)
旅游 lǚyóu	여행(하다), 관광(하다)	52	(4과)

M

麻烦 máfan	귀찮다, 성가시다, 번거롭다	84 (7과)
马上 mǎshàng	곧, 즉시	11 (1과)
满足 mǎnzú	만족하다, 만족시키다	35 (3과)
慢慢 mànmàn	천천히, 차츰	62 (5과)
忙碌 mánglù	바쁘다, 분주하다	52 (4과)
没关系 méi guānxi	괜찮다, 문제없다	63 (5과)
没问题 méi wèntí	문제없다	48 (4과)
没想到 méi xiǎngdào	생각지 못하다, 뜻밖이다	15 (1과)
每次 měicì	매번	12 (1과)
每天 měitiān	매일	10 (1과)
美好 měihǎo	아름답다, 행복하다, 좋다	84 (7과)
美丽 měilì	아름답다	52 (4과)
美味 měiwèi	맛있는 음식, 맛이 좋다	51 (4과)
明白 míngbai	잘 알다, 깨닫다, 깨치다	16 (1과)
目的 mùdì	목적	35 (3과)
目的地 mùdìdì	목적지	74 (6과)
目前 mùqián	지금, 현재	98 (8과)

N

那么 nàme	그렇다면, 그러면	22 (2과)
奶茶 nǎichá	밀크티	58 (5과)
男朋友 nánpéngyou	남자친구	82 (7과)
难 nán	어렵다, 곤란하다, 힘들다	14 (1과)
难吃 nánchī	맛이 없다, 먹기 어렵다	16 (1과)
内容 nèiróng	내용	47 (4과)
内向 nèixiàng	내성적, 내향	98 (8과)
能够 nénggòu	~할 수 있다	39 (3과)
能力 nénglì	능력, 역량	39 (3과)
年轻人 niánqīngrén	젊은이, 젊은 사람	35 (3과)
努力 nǔlì	노력하다, 힘쓰다	26 (2과)
女儿 nǚ'ér	딸	15 (1과)
女人 nǚrén	여자, 여인	16 (1과)

P

怕 pà	무서워하다, 두려워하다	10 (1과)
拍照 pāizhào	사진을 찍다, 촬영하다	59 (5과)
陪伴 péibàn	동반하다, 함께 있다	50 (4과)
培养 péiyǎng	키우다, 기르다, 양성하다	39 (3과)
朋友 péngyou	친구	22 (2과)
批评 pīpíng	비평하다, 꾸짖다, 주의를 주다	11 (1과)
疲乏 pífá	피로(하다), 피곤(하다)	98 (8과)
疲劳 píláo	피로(해지다), 지치다	47 (4과)
便宜 piányi	(값이) 싸다, 저렴하다	60 (5과)
平时 píngshí	보통 때, 평소, 평상시	50 (4과)

Q

妻子 qīzi	아내, 처	15 (1과)
其次 qícì	다음, 그다음	23 (2과)
其实 qíshí	(그러나) 사실은, 실제는	16 (1과)
其它 qítā	기타, 다른	100 (8과)
骑车 qíchē	자전거를 타다	51 (4과)
强 qiáng	강하다, 세다	98 (8과)
巧克力 qiǎokèlì	초콜릿	75 (6과)
轻松 qīngsōng	(기분이) 홀가분하다, 가뿐하다	24 (2과)
情绪 qíngxù	정서, 기분	98 (8과)
穷 qióng	가난하다, 궁하다	14 (1과)

단어 색인

| 却 què | 오히려, 도리어 — 15 (1과) |

R

热词 rècí	인기어, 핫 키워드, 화제어 — 98 (8과)
热量 rèliàng	열량, 칼로리 — 59 (5과)
人际关系 rénjì guānxì	대인관계, 인간관계 — 99 (8과)
人际交往能力 rénjì jiāowǎng nénglì	대인관계 능력, 사교성 — 100 (8과)
人生 rénshēng	인생 — 24 (2과)
人数 rénshù	사람 수, 인원수 — 94 (8과)
认识 rènshi	알다, 인식하다 — 22 (2과)
认为 rènwéi	여기다, 생각하다 — 27 (2과)
认真 rènzhēn	진지하다, 성실하다, 착실하다 — 23 (2과)
任务 rènwu	임무 — 95 (8과)
扔掉 rēngdiào	던져버리다, 내버리다 — 75 (6과)
容易 róngyì	쉽다, 용이하다, ~하기 쉽다 — 23 (2과)
入睡 rùshuì	잠들다 — 47 (4과)

S

三毛 Sānmáo	싼마오, 삼모 — 63 (5과)
色彩 sècǎi	색채, 색깔 — 62 (5과)
伤害 shānghài	상해하다, 손상시키다, 해치다 — 99 (8과)
伤心 shāngxīn	상심하다, 슬퍼하다, 마음 아파하다 — 82 (7과)
商家 shāngjiā	상가, 업체, 판매상 — 94 (8과)
商品 shāngpǐn	상품, 물품 — 71 (6과)
上班 shàngbān	출근하다, 근무하다 — 50 (4과)
上网 shàngwǎng	인터넷에 접속하다 — 35 (3과)
上学 shàngxué	등교하다 — 11 (1과)
设计 shèjì	설계(하다), 디자인(하다) — 59 (5과)

社会 shèhuì	사회 — 35 (3과)
社会性 shèhuìxìng	사회성 — 99 (8과)
社交 shèjiāo	사교 — 87 (7과)
社交场合 shèjiāo chǎnghé	사교 모임, 사교적인 자리 — 99 (8과)
社交圈 shèjiāoquān	사교범위, 사교폭 — 98 (8과)
社恐 shèkǒng	사회관계 공포증, 아싸[사람과 교류하는 것을 어려워하는 사람] — 98 (8과)
社牛 shèniú	인싸[사교성이 뛰어난 사람] — 98 (8과)
身体 shēntǐ	몸, 신체 — 38 (3과)
身心健康 shēnxīn jiànkāng	몸과 마음이 건강하다, 몸과 마음의 건강 — 88 (7과)
生产 shēngchǎn	생산(하다) — 71 (6과)
生存环境 shēngcún huánjìng	생존 환경 — 76 (6과)
生活 shēnghuó	생활(하다), 살림, 생계 — 15 (1과)
生活方式 shēnghuó fāngshì	생활 방식, 생활 패턴 — 63 (5과)
生气 shēngqì	화내다, 성내다 — 11 (1과)
声音 shēngyīn	소리, 목소리 — 48 (4과)
剩下 shèngxià	남다, 남기다 — 15 (1과)
时间 shíjiān	시간 — 34 (3과)
时期 shíqī	시기, 특정한 때 — 58 (5과)
时尚 shíshàng	세련되다, 트렌디하다 — 59 (5과)
实用 shíyòng	실용(적이다) — 71 (6과)
使用 shǐyòng	사용(하다) — 70 (6과)
适量 shìliàng	적당량, 적정량 — 60 (5과)
适应 shìyìng	적응(하다) — 51 (4과)
手机 shǒujī	핸드폰, 휴대폰 — 46 (4과)
首先 shǒuxiān	맨 먼저, 우선 — 23 (2과)
受到 shòudào	~을 받다 — 47 (4과)
受欢迎 shòu huānyíng	환영을 받다, 인기가 있다 — 23 (2과)

书籍 shūjí	서적	72 (6과)
舒适 shūshì	기분이 좋다, 쾌적하다, 편하다	38 (3과)
刷视频 shuā shìpín	숏폼 동영상 몰아보기	46 (4과)
双方 shuāngfāng	쌍방	23 (2과)
说清楚 shuō qīngchǔ	명확하게 말하다, 분명히 하다	83 (7과)
睡 shuì	(잠을) 자다	10 (1과)
睡觉 shuìjiào	(잠을) 자다	11 (1과)
睡眠 shuìmián	수면(하다), 잠(자다)	47 (4과)
睡前 shuì qián	잠들기 전에, 자기 전에	46 (4과)
思考 sīkǎo	사고(하다), 사색(하다)	39 (3과)
送给 sònggěi	주다, 선사하다	26 (2과)
塑料袋 sùliàodài	비닐봉지	75 (6과)
塑料制品 sùliào zhìpǐn	플라스틱 제품	75 (6과)
虽然 suīrán	비록 ~일지라도	71 (6과)
随着 suízhe	~에 따라	86 (7과)
岁 suì	세, 살[나이를 세는 단위]	11 (1과)

T

他人 tārén	타인, 남, 다른 사람	88 (7과)
台湾 Táiwān	대만, 타이완	63 (5과)
太……了 tài……le	매우 ~하다, 너무 ~하다	59 (5과)
谈话 tánhuà	담화하다, 이야기(하다), 대화	27 (2과)
谈生意 tán shēngyì	비즈니스를 하다	39 (3과)
谈一谈 tán yi tán	얘기를 하다, 상의하다, 토론하다	27 (2과)
特别 tèbié	특히, 유달리	46 (4과)
特点 tèdiǎn	특징, 특성	39 (3과)
提出 tíchū	꺼내다, 제기하다	83 (7과)

提供 tígōng	제공하다	71 (6과)
体力 tǐlì	체력, 힘	59 (5과)
天气 tiānqì	일기, 날씨	51 (4과)
挑好 tiāohǎo	잘 고르다	15 (1과)
挑选 tiāoxuǎn	고르다, 선택하다	71 (6과)
调皮 tiáopí	장난치다, 까불다, 말을 잘 듣지 않다	11 (1과)
通过 tōngguò	~을(를) 통하다, ~에 의하다	26 (2과)
同时 tóngshí	동시에	88 (7과)
痛 tòng	아프다	12 (1과)
突然 tūrán	갑자기, 별안간	82 (7과)
图书 túshū	도서, 서적, 책	70 (6과)
图书馆 túshūguǎn	도서관	51 (4과)

W

外婆 wàipó	외할머니	15 (1과)
玩儿 wánr	놀다, 여가를 즐기다	11 (1과)
玩游戏 wán yóuxì	게임하다	46 (4과)
晚上 wǎnshang	저녁, 밤	47 (4과)
碗 wǎn	공기, 사발, 그릇	14 (1과)
网购 wǎnggòu	인터넷 쇼핑, 온라인 쇼핑, 인터넷에서 쇼핑하다	74 (6과)
网络 wǎngluò	네트워크	26 (2과)
网上 wǎngshàng	온라인, 인터넷	26 (2과)
网上冲浪 wǎngshàng chōnglàng	웹 서핑, 인터넷 서핑	34 (3과)
网上购物 wǎngshàng gòuwù	온라인 구매, 넷 쇼핑	74 (6과)
网友 wǎngyǒu	PC통신을 매개로 만난 친구, 인터넷 동호인	26 (2과)

단어 색인

忘 wàng	잊다	15 (1과)
忘记 wàngjì	잊어버리다, 소홀히 하다	28 (2과)
维生素D wéishēngsù dì	비타민D	39 (3과)
卫生 wèishēng	위생(적이다), 깨끗하다	51 (4과)
为此 wèicǐ	이 때문에, 그런 까닭에	82 (7과)
为了 wèile	~를 위하여	51 (4과)
为什么 wèi shénme	무엇 때문에, 왜, 어째서	23 (2과)
未来 wèilái	미래	23 (2과)
味道 wèidào	맛	59 (5과)
文物 wénwù	문물, 문화재	51 (4과)
问题 wèntí	질문, 문제	23 (2과)
污染 wūrǎn	오염, 오염시키다, 오염되다	74 (6과)
物品 wùpǐn	물품, 물건	63 (5과)
物质 wùzhì	물질	63 (5과)

X

吸管 xīguǎn	빨대	75 (6과)
习惯 xíguàn	습관, 버릇, 습성	48 (4과)
喜爱 xǐ'ài	좋아하다, 사랑하다	59 (5과)
下班 xiàbān	퇴근하다	10 (1과)
下降 xiàjiàng	떨어지다, 낮아지다, 줄어들다	87 (7과)
下午 xiàwǔ	오후	51 (4과)
先……再 xiān……zài	먼저 ~하고 나서 ~하다	14 (1과)
咸 xián	(맛이) 짜다	16 (1과)
现实 xiànshí	현실(적이다)	28 (2과)
现象 xiànxiàng	현상	86 (7과)
线下 xiànxià	오프라인	98 (8과)
相反 xiāngfǎn	상반되다, 반대되다	99 (8과)
相信 xiāngxìn	믿다, 신임하다	23 (2과)

香 xiāng	(음식이) 맛있다	16 (1과)
享受 xiǎngshòu	향수하다, 누리다, 즐기다	28 (2과)
想法 xiǎngfǎ	생각, 의견	83 (7과)
向 xiàng	~에게, ~을 향해	22 (2과)
消费 xiāofèi	소비(하다)	71 (6과)
消费者 xiāofèizhě	소비자	94 (8과)
小时候 xiǎoshíhou	어렸을 때	11 (1과)
笑 xiào	웃다	28 (2과)
鞋子 xiézi	신발	70 (6과)
心理 xīnlǐ	심리(상태), 기분	99 (8과)
心理健康 xīnlǐ jiànkāng	정신건강	87 (7과)
心情 xīnqíng	심정, 마음, 기분	38 (3과)
辛苦 xīnkǔ	고생(하다), 수고(하다), 고생스럽다	10 (1과)
欣赏 xīnshǎng	감상하다	52 (4과)
新 xīn	새롭다, 새로운	22 (2과)
新闻 xīnwén	(신문이나 방송 따위의) 뉴스	34 (3과)
信息 xìnxī	정보, 소식	34 (3과)
星期六 xīngqīliù	토요일	51 (4과)
星期天 xīngqītiān	일요일	51 (4과)
星期五 xīngqīwǔ	금요일	51 (4과)
行为 xíngwéi	행위	34 (3과)
幸福 xìngfú	행복(하다)	12 (1과)
休息 xiūxi	휴식(하다), 쉬다	11 (1과)
需 xū	필요로 하다, 요구되다	96 (8과)
需求 xūqiú	수요, 필요(로 하다), 요구(되다)	72 (6과)
需要 xūyào	요구되다, 필요로 하다	100 (8과)
许多 xǔduō	대단히 많은, 허다한	35 (3과)

选择 xuǎnzé	선택(하다) —— 47 (4과)
学会 xuéhuì	습득하다, 배워서 알다 —— 40 (3과)
学习 xuéxí	공부하다, 학습하다 —— 11 (1과)
询问 xúnwèn	문의하다, 묻다 —— 82 (7과)
迅速 xùnsù	신속하다, 재빠르다 —— 59 (5과)

Y

压力 yālì	스트레스, 압력 —— 39 (3과)
严厉 yánlì	호되다, 매섭다 —— 11 (1과)
严肃 yánsù	엄숙하다, 진지하다 —— 84 (7과)
研究 yánjiū	연구(하다) —— 47 (4과)
眼睛 yǎnjing	눈 —— 47 (4과)
阳光 yángguāng	태양의 광선, 햇빛 —— 39 (3과)
养成 yǎngchéng	양성하다, 기르다 —— 48 (4과)
一部分 yíbùfen	일부분, 일부 —— 60 (5과)
一次性 yícìxìng	일회용 —— 75 (6과)
一段时间 yíduàn shíjiān	한때, 얼마간, 한동안 —— 35 (3과)
一定 yídìng	반드시, 꼭 —— 15 (1과)
一块 yí kuài	한 조각 —— 75 (6과)
一天 yì tiān	하루, 1일 —— 46 (4과)
一下 yíxià	시험 삼아 해 보다, 한번 ~하다 —— 15 (1과)
一项 yí xiàng	한 항목 —— 47 (4과)
一些 yìxiē	약간, 조금, 얼마간(의) —— 39 (3과)
一样 yíyàng	같다, 동일하다 —— 23 (2과)
衣服 yīfu	옷, 의복 —— 58 (5과)
移 yí	이동하다, 움직이다, 옮기다 —— 62 (5과)
遗传 yíchuán	유전(하다) —— 99 (8과)
已经 yǐjīng	이미, 벌써 —— 10 (1과)
以后 yǐhòu	이후, 나중에, 앞으로 —— 46 (4과)
以前 yǐqián	이전, 예전 —— 27 (2과)
异性 yìxìng	이성, 성별이 다른 사람 —— 22 (2과)
意义 yìyì	의의, 가치, 보람, 의미 —— 87 (7과)
因此 yīncǐ	그래서, 이 때문에 —— 34 (3과)
因素 yīnsù	원인, 조건, 요소 —— 99 (8과)
因为 yīnwèi	왜냐하면 —— 12 (1과)
音乐 yīnyuè	음악 —— 34 (3과)
引起 yǐnqǐ	(주의를) 끌다, 야기하다, 일으키다 —— 87 (7과)
饮料瓶 yǐnliào píng	음료수 병 —— 75 (6과)
印象 yìnxiàng	인상 —— 23 (2과)
应该 yīnggāi	마땅히 ~해야 한다 —— 83 (7과)
营业时间 yíngyè shíjiān	영업시간 —— 95 (8과)
影响 yǐngxiǎng	영향(을 주다) —— 47 (4과)
应对 yìngduì	대응하다, 대처하다 —— 99 (8과)
勇敢 yǒnggǎn	용감하다 —— 99 (8과)
用来 yònglái	(~에) 쓰이다, (~에) 사용하다 —— 59 (5과)
优势 yōushì	우세, 우위 —— 74 (6과)
邮 yóu	우편으로 부치다(보내다), (택배로) 보내다 —— 74 (6과)
游客 yóukè	여행객 —— 95 (8과)
游玩 yóuwán	돌아다니며 놀다, 휴식하면서 산보하다 —— 96 (8과)
有趣 yǒuqù	재미있다, 흥미 있다 —— 36 (3과)
有时候 yǒushíhou	때로는, 가끔, 어떨 때는 —— 10 (1과)
有效 yǒuxiào	유효하다, 효력이 있다 —— 94 (8과)
鱼肉 yúròu	생선살, 생선 —— 14 (1과)
鱼头 yútóu	생선 대가리, 생선 머리 —— 14 (1과)
娱乐 yúlè	오락, 즐거움 —— 87 (7과)
愉快 yúkuài	기분이 좋다, 기쁘다, 유쾌하다 —— 24 (2과)
与 yǔ	~와 —— 27 (2과)

단어 색인

중국어	병음	뜻	페이지
与……分享	yǔ……fēnxiǎng	~와(과) 공유하다, ~와(과) 나누다	59 (5과)
预约	yùyuē	예약(하다)	94 (8과)
遇到	yùdào	만나다, 마주치다	27 (2과)
原因	yuányīn	원인	59 (5과)
愿意	yuànyì	~하기를 바라다, 희망하다	86 (7과)
越来越	yuèláiyuè	더욱더, 점점, 갈수록	40 (3과)
运动	yùndòng	운동, 스포츠	38 (3과)

Z

중국어	병음	뜻	페이지
再	zài	아무리	71 (6과)
在家	zàijiā	집에 있다, 집에서	10 (1과)
早餐	zǎocān	아침 식사	51 (4과)
早上	zǎoshang	아침	51 (4과)
造成	zàochéng	발생시키다, 야기하다, 초래하다	47 (4과)
则	zé	~면(=就)	95 (8과)
怎么	zěnme	어떻게, 어째서, 왜	15 (1과)
怎样	zěnyàng	어떠하다	75 (6과)
找	zhǎo	찾다, 구하다	34 (3과)
照顾	zhàogù	돌보다, 보살펴주다	11 (1과)
真诚	zhēnchéng	진실하다, 성실하다	22 (2과)
真的	zhēnde	정말로, 참으로	11 (1과)
真正	zhēnzhèng	진정한, 참된, 진짜의	27 (2과)
整理	zhěnglǐ	정리(하다), 정돈(하다)	51 (4과)
正常	zhèngcháng	정상(적)이다	47 (4과)
挣钱	zhèngqián	돈을 벌다	63 (5과)
之前	zhīqián	~의 앞, ~의 전	83 (7과)
知识	zhīshi	지식	34 (3과)
职业	zhíyè	직업	23 (2과)
职员	zhíyuán	직원, 사무원	50 (4과)
只好	zhǐhǎo	부득이, 할 수 없이	71 (6과)
只有	zhǐyǒu	오직, 오로지	51 (4과)
指	zhǐ	가리키다, 지적하다	98 (8과)
纸箱	zhǐxiāng	종이 상자	75 (6과)
制造	zhìzào	제조하다, 만들다	75 (6과)
质量	zhìliàng	질, 품질	71 (6과)
智能手机	zhìnéng shǒujī	스마트폰	26 (2과)
中国	Zhōngguó	중국	58 (5과)
中学生	zhōngxuéshēng	중학생	26 (2과)
重视	zhòngshì	중시(하다), 중요시(하다)	71 (6과)
重要	zhòngyào	중요하다	22 (2과)
周末	zhōumò	주말	50 (4과)
逐渐	zhújiàn	점차, 점점	15 (1과)
主导	zhǔdǎo	주도하다	99 (8과)
主要	zhǔyào	주요하다	71 (6과)
注意	zhùyì	주의(하다), 조심(하다)	60 (5과)
专家	zhuānjiā	전문가	75 (6과)
装	zhuāng	(물품을) 담다, 채워 넣다	59 (5과)
追求	zhuīqiú	추구하다, 탐구하다	62 (5과)
准备	zhǔnbèi	준비하다	51 (4과)
自然环境	zìrán huánjìng	자연환경	38 (3과)
自我介绍	zìwǒ jièshào	자기소개(하다)	22 (2과)
自信	zìxìn	자신(하다), 자신감	22 (2과)
自由	zìyóu	자유(롭다)	87 (7과)
字	zì	글자	83 (7과)
总是	zǒngshì	늘, 줄곧, 언제나	14 (1과)
总之	zǒngzhī	아무튼, 어쨌든, 결국	59 (5과)
走	zǒu	걷다, 움직이다	58 (5과)
最后	zuìhòu	최후, 맨 마지막	15 (1과)

最近 zuìjìn	최근, 요즘	47 (4과)
最少 zuìshǎo	가장 적다, 최소이다	62 (5과)
尊重 zūnzhòng	존중하다, 중시하다	83 (7과)
作家 zuòjiā	작가	63 (5과)

다락원 홈페이지에서
MP3 파일 다운로드 및
실시간 재생 서비스

일상에서 만나는
중국어 독해 -초급-

지은이 왕러(王樂)
펴낸이 정규도
펴낸곳 (주)다락원

초판 1쇄 발행 2025년 6월 10일

기획·편집 오혜령, 이상윤
디자인 구수정
조판 최영란
일러스트 장덕현
녹음 王樂, 朴利鑫, 권영지

다락원 경기도 파주시 문발로 211
전화 (02)736-2031 (내선 250~252 / 내선 430, 435)
팩스 (02)732-2037
출판등록 1977년 9월 16일 제406-2008-000007호

Copyright © 2025, 왕러

저자 및 출판사의 허락 없이 이 책의 일부 또는 전부를 무단 복제·전재·발췌할 수 없습니다. 구입 후 철회는 회사 내규에 부합하는 경우에 가능하므로 구입처에 문의하시기 바랍니다. 분실·파손 등에 따른 소비자 피해에 대해서는 공정거래위원회에서 고시한 소비자 분쟁 해결 기준에 따라 보상 가능합니다. 잘못된 책은 바꿔 드립니다.

ISBN 978-89-277-2340-0 14720
        978-89-277-2339-4 (set)

www.darakwon.co.kr
다락원 홈페이지를 방문하시면 상세한 출판 정보와 함께 동영상 강좌, MP3 자료 등 다양한 어학 정보를 얻으실 수 있습니다.